Die Verteilung der Pflichtteilslast nach den §§ 2318-2324 BGB

von

Udo Buschmann

Tectum Verlag
Marburg 2004

Buschmann, Udo:
Die Verteilung der Pflichtteilslast nach den §§ 2318-2324 BGB
/ von Udo Buschmann
- Marburg : Tectum Verlag, 2004
Zugl.: , Univ. Diss. 2004
ISBN 978-3-8288-8775-6

Tectum Verlag
Marburg 2004

Inhaltsverzeichnis

V

Schrifttumsverzeichnis

Alternativ-Kommentar zum Bürgerlichen Gesetzbuch in 6 Bänden, Band 6, Erbrecht, Neuwied 1990 (zitiert: AK-Bearbeiter)

Braga, Sevold	Zur Rechtsnatur des Pflichtteilsrechts, AcP 153, 144 ff.
Brox, Hans	Erbrecht, 19. Auflage, Köln 2001
Coing, Helmut	Grundlagenirrtum bei vorweggenommener Erbfolge, NJW 1967, 1777 f.
Dieckmann, Albrecht	Anm. zu BGH NJW 1983, 2378 in FamRZ 1983, 1014 ff.
Dickhuth-Harrach, Hans-Jürgen von	Ärgernis Pflichtteil? Möglichkeiten der Pflichtteilsreduzierung im Überblick, in Notar und Rechtsgestaltung, Jubiläumsfestschrift des Rheinischen Notariats 1998, S. 185 ff.
Ebenroth, Carsten/ Fuhrmann, Lambertus	Konkurrenzen zwischen Vermächtnis- und Pflichtteilsansprüchen bei erbvertraglicher Unternehmensnachfolge, BB 1989, 2049 ff.
Erman, Walter	Handkommentar zum Bürgerlichen Gesetzbuch, Hrsg. von Harm Peter Westermann, 10. Auflage, Münster 2000 (zitiert: Erman-Bearbeiter)
Eylmann, Horst/ Vaasen, Hans-Dieter	Bundesnotarordnung, Beurkundungsgesetz, Kommentar, München 2000
Fürnrohr, August	Die Selbständigkeit des anwachsenden Erbteils (§ 2095 BGB) und die verhältnismäßige Verteilung der Pflichtteilslast auf Erben und Vermächtnisnehmer (§ 2318 Abs. 1 und 2 BGB), JW 1912, 61 f.

Halm, Dirk	Das Kürzungsrecht pflichtteilsberechtigten Erben gegenüber Vermächtnisnehmern und Auflagenbegünstigten, Köln 2000
Harder, Manfred	Gibt es gesetzliche Vermächtnisse?, NJW 1988, 2716 f.
Hellmann, Friedrich	Zur Lehre von der Pflichtteilslast, Das Recht 1908, 429 ff.
Höfer, Helmut	Zur Anwendung des § 2069 BGB bei Pflichtteilsverlangen nach Erbausschlagung, NJW 1961, 588 f.
Jauernig, Othmar	Bürgerliches Gesetzbuch, 9. Auflage, München 1999 (zitiert: Jauernig-Bearbeiter)
Johannsen, Kurt	Die Rechtsprechung des Bundesgerichtshofs auf dem Gebiet des Erbrechts – 5. Teil: Der Pflichtteil (2. Abschnitt), WM 1970, 234 ff.
Käppler, Renate	Die Steuerung der Gesellschafternachfolge in der Satzung einer GmbH, ZGR 1978, 542 ff.
Keidel, Theodor und Winkler; Karl	Beurkundungsgesetz, 14. Auflage, München 1999
Kerscher, Karl-Ludwig/ Riedel, Christopher/ Lenz, Nina	Pflichtteilsrecht in der anwaltlichen Praxis, 3. Auflage, Germersheim 2002
Kipp-Coing	Erbrecht, 14. Auflage, Tübingen 1990, auf der Grundlage der Bearbeitung von Theodor Kipp, fortgeführt von Helmut Coing
Lange/Kuchinke	Erbrecht, 5. Auflage, München 2001, begr. von Heinrich Lange und fortgeführt von Kurt Kuchinke

Marotzke, Wolfgang	Das Wahlrecht des Erben bei ungünstigem Testament, AcP 191, 563 ff.
Martin, Paul	Rechnerische Formeln aus dem Pflichtteilsrecht, ZBlFG 1914, 789 ff.
Mauch, Frank	Pflichtteilslast im Rahmen der §§ 1371, 2320 BGB, BWNotZ 92, 146 ff.
Medicus, Dieter	Durchblick: Die Akzessorietät im Zivilrecht, JuS 1971, 497 ff.
Meincke, Jens-Peter	Kommentar Erbschaftsteuer- und Schenkungsteuergesetz, 12. Auflage, München 1999

Motive zu dem Entwurfe eines Bürgerlichen Gesetzbuches für das Deutsche Reich, Band V, Erbrecht, Berlin 1888

Münchener Kommentar zum Bürgerlichen Gesetzbuch, hrsg. von Kurt Rebmann u.a., 2. Auflage, Band 6, Erbrecht, München 1989 und 3. Auflage, Band 9, Erbrecht, München 1997 (zitiert: MüKo-Bearbeiter)

Nagler, Eberhard	Die zweckmäßige Nachfolgeregelung im GmbH-Vertrag, Köln 1998
Natter, Edmund	Anmerkung zu BGHZ 19, 309, JZ 1956, 284 f.
Nieder, Heinrich	Handbuch der Testamentsgestaltung, 2. Auflage, München 2000
von Olshausen, Eberhard	Die Verteilung der Pflichtteilslast zwischen Erben und Vermächtnisnehmern – Insbesondere zum Verhältnis des § 2318 I zu § 2320 BGB bei Enterbung eines Pflichtteilsberechtigten -, MDR 1986, 89 ff.
Palandt, Otto	Bürgerliches Gesetzbuch Kommentar, 61. Auflage, München 2002 (zitiert: Palandt-Bearbeiter)

Pentz, Adolf   Die Pflichtteilslast des Ersatzmannes nach § 2320 BGB, MDR 1998, 1391 ff.

Pestaschowsky,
Friedrich   Die Pflichtteilslast nach dem BGB, Rostock 1913

Planck's Kommentar zum Bürgerlichen Gesetzbuch
           5. Band, Erbrecht, 4. Auflage, Berlin 1930 (zitiert: Planck-Bearbeiter)

Protokolle der Kommission für die zweite Lesung des Entwurfs des Bürgerlichen Gesetzbuchs, Band V, Erbrecht, Berlin 1899

Reithmann, Christoph   Handbuch der notariellen Vertragsgestaltung, 8. Auflage, Köln 2001

RGRK   Das Bürgerliche Gesetzbuch mit besonderer Berücksichtigung der Rechtsprechung des Reichsgerichts und des Bundesgerichtshofs, Band V, 2. Teil §§ 2147 – 2385, 12. Auflage, Berlin 1975 (zitiert: RGRK-Bearbeiter)

Schiffner, Ludwig   Pflichtteil, Erbenausgleichung und die sonstigen gesetzlichen Vermächtnisse nach dem BGB für das Deutsche Reich, Jena 1897

Schlitt, Gerhard   Aufteilung der Pflichtteilslast zwischen Erbe und Vermächtnisnehmer, ZEV 1998, 91 ff.

Soergel,
Hans-Theodor   Bürgerliches Gesetzbuch Kommentar, Band 9, Erbrecht, 12. Auflage, Stuttgart 1992 und Band 23, Erbrecht 3 §§ 2274 – 2385, 13. Auflage, Stuttgart 2002 (zitiert: Soergel-Bearbeiter)

Speckmann, Werner   Der Erbverzicht als „Gegenleistung" in Abfindungsverträgen, NJW 1970, 117 ff.

Staudinger, J. von   Kommentar zum Bürgerlichen Gesetzbuch, Buch 5, Erbrecht, (1967 – 2086), 13. Bearbeitung,

Berlin 1996, (2265 – 2338a), 13. Bearbeitung ,
Berlin 1998 und Erbrecht, 12. Auflage, Berlin
1983

von Tuhr, Andreas   Die Lehre vom Pflichtteilsrecht nach dem
Bürgerlichen Gesetzbuch, DJZ 1901, 121

Wilke, Richard   Das Bürgerliche Gesetzbuch mit Einführungs-
gesetz, Berlin 1900

Windscheid, Bernhard
und Kipp, Theodor   Lehrbuch des Pandektenrechts, Buch 3, 9.
Auflage, Frankfurt 1906

Abkürzungsverzeichnis

a.A.	andere Ansicht
Abs.	Absatz
AcP	Archiv für die civilistische Praxis
Anm.	Anmerkung
Az.	Aktenzeichen
BayObLG	Bayrisches Oberstes Landesgericht
BB	*Der Betriebsberater*
BGB	Bürgerliches Gesetzbuch vom 18.08.1896 RGBl. 1896, S. 195 ff.; BGBl. III 4 Nr. 400-2
BGH	Bundesgerichtshof
BGHZ	Entscheidungen des Bundesgerichtshofs in Zivilsachen
BWNotZ	Zeitschrift für das Notariat in Baden-Württemberg
DNotZ	Deutsche Notar-Zeitschrift
DR	Deutsches Recht
ErbStG	Erbschaftsteuer- und Schenkungsteuergesetz in der Fassung vom 27.02.1997, BGBl. I 1997, S. 378 ff.
FamRZ	Zeitschrift für das gesamte Familienrecht
f.	folgender
ff.	fortfolgende
Fn	Fußnote
hM	herrschende Meinung
HS	Halbsatz
iVm	in Verbindung mit
JuS	Juristische Schulung
LG	Landgericht
MDR	Monatsschrift für Deutsches Recht
m.w.N	mit weiteren Nachweisen
NJW	Neue Juristische Wochenschrift
NJW-RR	NJW-Rechtsprechungsreport Zivilrecht
Nr.	Nummer
OLG	Oberlandesgericht
OLGZ	Entscheidungen der Oberlandesgerichte in Zivilsachen
Rdnr.	Randnummer

RG.................	Reichsgericht
RGZ	Entscheidungen des Reichsgerichts in Zivilsachen
S.	Seite
vgl.	vergleiche
WarnR	Warneyers Jahrbuch der Entscheidungen, Ergänzungsband: Die Rechtsprechung des Reichsgerichts auf dem Gebiete des Zivilrechts
WM	Zeitschrift für Wirtschafts- und Bankrecht, Wertpapier-Mitteilungen Teil IV
z.B.	zum Beispiel
ZBIFG	Zentralblatt für freiwillige Gerichtsbarkeit und Notariat sowie Zwangsversteigerung
ZEV	Zeitschrift für Erbrecht und Vermögensnachfolge

Einleitung

Dem Kautelarjuristen eröffnet sich ein umfangreiches Aufgabenfeld, will er seinem Mandanten behilflich sein, die Vermögensnachfolge im Erbfall abweichend von den gesetzlichen Bestimmungen zu regeln. Dabei darf er den Blick nicht nur auf erbrechtliche Vorschriften lenken; gegebenenfalls hat er auch handels-, gesellschafts- und steuerrechtliche Aspekte zu berücksichtigen. Erwartet wird von ihm, dass er eine letztwillige Verfügung entwirft, die dem ausdrücklich erklärten und möglicherweise dem mutmaßlichen Willen des Erblassers beziehungsweise der Erbvertragsparteien zur Geltung verhilft.

Die Möglichkeit des Erblassers, seine Vermögensnachfolge zu gestalten, ergibt sich aus der vertraglich nicht zu beschränkenden Testierfreiheit (§ 2302*). Diese wiederum genießt über Art. 14 Abs. I GG als tragendes Grundprinzip des Erbrechts den Schutz der Verfassung[1]. Will der Erblasser von der gesetzlichen Erbfolge abweichende Bestimmungen treffen, ist er nach dem im Erbrecht geltenden Formzwang gehalten, entweder ein Testament (§ 1937) zu errichten oder einen Erbvertrag (§ 2274) zu schließen. Er wäre jedoch schlecht beraten, ließe er hierbei die weiteren gesetzlichen Vorschriften des Erbrechts außer acht. Zum einen wird nämlich seiner Testierfreiheit eine Schranke durch das Pflichtteilsrecht gezogen[2], zum anderen greifen bei unvollständiger oder missverständlicher Testamentsgestaltung nicht nur die Auslegungsregeln des Allgemeinen Teils des BGB. Es gelten vielmehr auch die besonderen erbrechtlichen Auslegungsregeln. Überdies ist bei der Auslegung von Testamenten zu berücksichtigen, dass das auch sonst geltende Willensdogma noch strenger durchzuführen, sprich dem Willen des Erblassers möglichst zum Erfolg zu verhelfen ist[3]. Es ist nämlich keine Person vorhanden, die in ihrem Vertrauen auf das Erklärte geschützt werden muss. Dies gilt auch im Hinblick auf die in dem Testament Bedachten[4].

---

* §§ ohne besondere Bezeichnung sind solche des BGB.
[1] Brox, Erbrecht, § 2 Rdnr. 27.
[2] Zu der brisanten Frage, ob die Beschränkung der Testierfreiheit durch das Pflichtteilsrecht verfassungsgemäß ist, siehe zuletzt BVerfG NJW 2001, 141 im Anschluss an BVerfGE 91, 346 (359 f.) = NJW 1995, 2977 (2978) zum Grundstücksverkehrsgesetz bei landwirtschaftlichen Betrieben und BVerfGE 67, 329 (342 f.) = NJW 1985, 1455 zur Höfeordnung.
[3] Motive V, S. 45.
[4] Brox, Erbrecht, § 15 Rdnr. 198.

Hinsichtlich der nachgiebigen erbrechtlichen Bestimmungen ist zu beachten, dass deren Anwendung auf die letztwillige Verfügung Ergebnisse zu zeitigen vermag, die so möglicherweise vom Erblasser gar nicht bedacht und mithin vielleicht nicht beabsichtigt waren. Dies liegt daran, dass das Gesetz mit diesen Vorschriften nur eine denkbare vernünftige Lösung anbieten kann. Damit ist eben nicht gesagt, dass der Erblasser die Motive, die den Gesetzgeber zu der Fassung dieser nachgiebigen Vorschriften bewegten, die seinen nennt.

Eingebettet in die Bestimmungen des Pflichtteilsrechts sind die §§ 2318 – 2324. Diese legen fest, wer letztlich die Last der Erfüllung von Pflichtteilsansprüchen trägt, für die im Außenverhältnis nach § 2303 Abs. 1 allein der Erbe oder die Miterbengemeinschaft haften. § 2324 normiert, dass der Erblasser durch Verfügung von Todes wegen die Pflichtteilslast im Verhältnis der Erben zueinander einzelnen Erben auferlegen und von den Vorschriften des § 2318 Abs. 1 und der §§ 2320 – 2323 abweichende Anordnungen treffen kann. Indem § 2324 die §§ 2318 Abs. 2 und 3 sowie 2319 ausnimmt, in denen allesamt als Rechtsfolge angeordnet ist,

„...,daß ihm [gemeint ist der pflichtteilsberechtigte Erbe/Vermächtnisnehmer] sein eigener Pflichtteil verbleibt."

wird nochmals deutlich, dass dies die zwingende Grenze jeglicher durchsetzbarer Anordnungen des Erblassers ist. Nichtsdestoweniger eröffnen die dispositiven Bestimmungen über das Tragen der Pfllichtteilslast im Innenverhältnis einen Spielraum, den es auszuschöpfen gilt, um den Nachlass entsprechend dem Willen des Erblassers zu verteilen.

Bevor auf die hierzu gegebenen gestalterischen Möglichkeiten eingegangen wird, ist es notwendig, die gesetzlichen Bestimmungen über das Tragen der Pflichtteilslast zu untersuchen. Dieser Schritt ist geboten, da auf diese Weise der vom Gesetzgeber unterstellte Wille des Erblassers zur Regelung des internen Ausgleichs der Pflichtteilslast ermittelt werden kann. Deckt sich der vom Gesetz angenommene mit dem wirklichen Willen des Erblassers, besteht kein Bedarf, vom gesetzlichen System abweichende Anordnungen zu treffen. Ist dies jedoch nicht der Fall, muss der vertragsgestaltende Jurist Bestimmungen formulieren, die im Rahmen des gesetzlich Möglichen den wirklichen Willen des Erblassers durchzusetzen helfen. Anhand verschiedener erbrechtlicher Fallkonstellationen will die Untersuchung hierzu darlegen, wie sich die gesetzlichen Regeln über die interne Verteilung der Pflichtteilslast letztlich auf die Beteiligung am

Nachlass auswirken. Das sodann gefundene Ergebnis wird der vertragsgestaltende Jurist dem künftigen Erblasser vor Augen führen müssen, damit dieser seine Willensbildung hinsichtlich der zu gewichtenden Faktoren überprüfen und gegebenenfalls korrigieren kann.

Besondere Sorgfalt bei der Testamentsgestaltung ist insbesondere beim Unternehmer geboten, da Pflichtteilsansprüche oder aber die Frage, wen deren Erfüllung in welcher Höhe wirtschaftlich trifft, ein Unternehmen in eine bedrohliche wirtschaftliche Situation bringen können. Abgesehen von den Möglichkeiten der Stundung nach § 2331a und der aufschiebenden Einreden nach §§ 2014 ff. ist der Pflichtteil grundsätzlich sofort zu berichtigen. Da im Unternehmen Vermögenswerte häufig mittel- und langfristig gebunden sind, kann der unmittelbar nach dem Erbfall zu erfüllende Pflichtteilsanspruch das vom Erben weitergeführte Unternehmen in schwerwiegende finanzielle Engpässe bringen.

Anstoss zu dieser Arbeit bot neben einer Anregung durch das Deutsche Notarinstitut in Würzburg ein vor dem Amtsgericht Rheda-Wiedenbrück von dem Verfasser zu führender Rechtsstreit, in dem ein (pflichtteilsberechtigter) Vermächtnisnehmer seinen Vermächtnisanspruch gegen einen (sonst) pflichtteilsberechtigten Erben geltend machte und dieser sich damit verteidigte, durch Erfüllung dieses Anspruches selbst weniger als seinen Pflichtteil zu erhalten. Kommen konnte es zu dieser rechtlichen Auseinandersetzung nur deshalb, weil die letztwillige Verfügung zur Frage der Pflichtteilslast schwieg. Solches Schweigen kann, sofern der Erblasser das Testament zur Niederschrift eines Notars errichtete oder ihm ein Rechtsanwalt Rat zur Abfassung der letztwilligen Verfügung erteilte, zu nicht zu unterschätzenden Haftungsgefahren führen[5]. Im Anhang ist das nicht veröffentlichte amtsgerichtliche Urteil auszugsweise wiedergegeben.

---

[5] RG WarnR 1939 Nr. 63.

4

1. Kapitel
Das Kürzungsrecht des Erben gegenüber dem Vermächtnisnehmer

I. Grundsätzliche Verteilung der Pflichtteilslast

Mit seinem Pflichtteilsanspruch wendet sich der Pflichtteilsberechtigte an den Erben oder die Miterbengemeinschaft. Im Außenverhältnis haftet der Erbe, im Falle der Miterbengemeinschaft alle Erben. Im Innenverhältnis verteilt jedoch das Gesetz in den §§ 2318, 2320 – 2323 die Pflichtteilslast auf den Erben beziehungsweise auf die Miterben und Vermächtnisnehmer sowie den Auflagenbegünstigten. Diese Regeln greifen einerseits in den intern vorzunehmenden Ausgleich der Erben ein, vermögen aber auch die Pflichtteilslast teilweise vom Erben auf den Vermächtnisnehmer und Auflagenbegünstigten zu verlagern.

1. Das Kürzungsrecht des § 2318 Abs. 1

Für die Berechnung des Pflichtteilsanspruches ist der Wert des Nachlasses maßgebend. Bestimmt ist dies in § 2311. Der dabei ermittelte Aktivbestand ist um den Betrag der Passiven zu kürzen, wobei die im Nachlassinsolvenzverfahren nachrangigen Verbindlichkeiten aus den vom Erblasser angeordneten Vermächtnissen und Auflagen (§ 327 I Nr. 2 InsO) nicht abgesetzt werden. Gewährleisten soll dieses Abzugsverbot, dass der Erblasser nicht gleichsam durch die Hintertür mit dem Aussetzen zahlreicher Vermächtnisse den Pflichtteilsanspruch des Berechtigten schmälert[6].

Bliebe es dabei, wäre der Erbe verpflichtet, die Pflichtteilsansprüche und Vermächtnisse[7] in voller Höhe zu erfüllen. Der nachgiebige § 2318 Abs. 1 begünstigt den Erben nunmehr derart, dass er den Vermächtnisnehmer an der Last der Erfüllung der Pflichtteilsansprüche beteiligen kann. Die Vorschrift gewährt dem Erben hierzu im Wege einer peremptorischen Einrede das Recht, den ihn beschwerenden Anspruch des

---

[6] Erman-Schlüter, § 2311 Rdnr. 5; MüKo-Frank, § 2311 Rdnr. 11.
[7] Gleiches gilt auch für Auflagen (§ 1940), stellvertretend wird hier im folgenden nur das Vermächtnis genannt.

Vermächtnisnehmers verhältnismäßig zu kürzen. An einem einfach gelagerten Sachverhalt sei die Funktionsweise des § 2318 Abs. 1 erläutert:

Bsp. 1: Der verwitwete Erblasser E hinterlässt Sohn S. Alleinerbe ist der Familienfremde A, zugunsten des V ist ein Vermächtnis in Höhe von 30.000,-- € ausgesetzt. Der Nachlasswert beträgt 100.000,-- €.

Der Anspruch des S bestimmt und berechnet sich nach §§ 2303 Abs. 1, 2311. Die Hälfte des Wertes des gesetzlichen Erbteils beläuft sich auf 50.000,-- €. Dieser Pflichtteilsanspruch richtet sich gegen den Alleinerben A. Müsste A auch noch das Vermächtnis des V vollständig erfüllen, blieben ihm lediglich 20.000,-- €. § 2318 Abs. 1 regelt hingegen, dass Erbe und Vermächtnisnehmer die Pflichtteilslast verhältnismäßig tragen. In dem Verhältnis, mit welchem der Vermächtnisnehmer am Nachlass beteiligt ist, kann ihn der Erbe im Innenverhältnis zum Tragen der Pflichtteilslast heranziehen. Der Beteiligung des Vermächtnisnehmers am Nachlass entsprechend kann der Erbe dem Vermächtnisnehmer dessen Forderung die Kürzungseinrede des § 2318 Abs. 1 entgegenhalten.

V ist zu 3/10 am Nachlass beteiligt. 3/10 der Pflichtteilslast (3/10 x 50.000,-- € = 15.000,-- €) hat V zu tragen. Entsprechend geringer fällt sein einredefreier Vermächtnisanspruch aus. Für die dem Erben zustehende Kürzungseinrede nach § 2318 Abs. 1 gilt daher folgende Formel[8]:

$$\text{Kürzungsbetrag (im folgenden KB)} = \frac{\text{Pflichtteilslast x Vermächtnis}}{\text{Nachlass}}$$

Das Kürzungsrecht des Erben zielt nach h.M.[9] darauf, einen Ausgleich dafür zu schaffen, dass Vermächtnisse bei der Berechnung des Nachlasswertes nicht passiviert werden dürfen.

In den Motiven findet sich dieser Kompensationsgedanke allerdings nicht wieder. Vielmehr wird darin die Vorschrift als ergänzende Regelung dahingehend aufgefasst, auch den Vermächtnisnehmer im Innenverhältnis mit der Pflichtteilslast anteilig zu beschweren, wenn an der Haftung des Erben im Außenverhältnis nichts zu ändern sei. Die Berechtigung der Vorschrift erhelle daraus, dass von mehreren geltenden Rechten eine solche Vermutung aufgestellt sei. Zudem spreche eine hohe Wahrscheinlichkeit

---

[8] Martin, Rechnerische Formeln aus dem Pflichtteilsrecht, ZBlFG 1914, 789 (790).
[9] MüKo-Frank, § 2318 Rdnr. 1; RGRK-Johannsen, § 2318 Rdnr. 1, Soergel-Dieckmann, § 2318 Rdnr. 2; Lange/Kuchinke, Erbrecht, § 37 IX. 1.

dafür, dass der Erblasser nicht davon ausgegangen sei, der Pflichtteilsanspruch solle von dem Erben allein getragen werden. Vielmehr wolle er eine entsprechende Minderung der Beschwer eintreten lassen[10].

Unabhängig davon worauf das Kürzungsrecht des Erben letztlich fußt, begünstigt es ihn, da er auf diese Weise einen Teil der Pflichtteilslast auf den Vermächtnisnehmer abwälzen kann.

Neben dem Erben kann das Kürzungsrecht des § 2318 Abs. 1 auch dem Vermächtnisnehmer selbst nach § 2188 zustehen, wenn dieser wiederum mit einem Untervermächtnis belastet ist[11]. Sollten mehrere Vermächtnisnehmer vorhanden sein, so ist jedem gegenüber ein verhältnismäßiges Kürzungsrecht gegeben.

Ob zu den Vermächtnissen im Sinne des § 2318 auch die sogenannten „gesetzlichen Vermächtnisse" gehören, ist umstritten. Zwar kennt das Gesetz diesen Begriff nicht, er hat sich indes unter anderem für den Voraus des Ehegatten nach § 1932[12], den Unterhaltsanspruch der werdenden Mutter nach § 1963 sowie den „Dreißigsten" nach § 1969 herausgebildet[13]. W i l k e war der Auffassung, diese gesetzlichen Ansprüche unterfielen nicht dem § 2318. Die Vorschrift beruhe auf einem mutmaßlichen Willen des Erblassers und spreche von einem auferlegten Vermächtnis[14]. G r e i f f wiederum wandte ein, es bestehe kein Grund, das auf dem anzunehmenden Willen des Erblassers beruhende Kürzungsrecht des Erben wegen der Pflichtteilslast den gesetzlichen Vermächtnissen gegenüber auszuschließen. Er begründete dies damit, dass es dem Erblasser frei stehe, diese gesetzlichen Vermächtnisse zu entziehen[15]. P e s t a s c h o w s k y[16] wies zurecht daraufhin, dass das Gesetz unter einem Vermächtnis immer nur die

---

[10] Motive V, S. 420 unter anderem mit Hinweis auf das ALR II, 2 §§ 434, 435 und das österreichische Zivilgesetzbuch § 783; rechtsvergleichend Halm, Das Kürzungsrecht des pflichtteilsberechtigten Erben gegenüber Vermächtnisnehmern und Auflagenbegünstigten, S. 82 ff.

[11] Staudinger-Haas, § 2318 Rdnr. 14, zur Berechnung vgl. hierzu wiederum Martin (Fn 8), ZBlFG 1914, 789 (791).

[12] Auch der Lebenspartner einer eingetragenen Lebenspartnerschaft hat Anspruch auf den Voraus (§ 10 Abs. 1 S.1 LPartG).

[13] Harder, Gibt es gesetzliche Vermächtnisse, NJW 1988, 2716 f. lehnt den Begriff als Erklärungsversuch mit der Begündung ab, dass sonst die ausdrücklichen Anordnungen der §§ 1932 Abs. 2 und 1969 Abs. 2 überflüssig seien, wenn Voraus und Dreißigster ohnehin (gesetzliche) Vermächtnisse seien.

[14] Wilke, § 2318 Anm. 2.

[15] Planck-Greiff, § 2318 Anm. 2.

[16] Pestaschowsky, Die Pflichtteilslast nach dem BGB, S. 5.

Zuwendung eines Vermögensvorteils durch Testament oder Erbvertrag verstehe. Danach seien die als gesetzliche Vermächtnisse bezeichneten Ansprüche keine Vermächtnisse im Sinne des BGB. Dies folge auch daraus, dass für den Voraus und den Unterhaltsanspruch des Familienangehörigen eigens die für die Vermächtnisse geltenden Vorschriften für anwendbar erklärt worden seien (§ 1932 Abs. 2 und § 1969 Abs. 2). Dennoch entspreche es dem Grundgedanken des § 2318, die Pflichtteilslast auf alle Personen zu verteilen, die etwas aus dem Nachlass erhalten. E d e n h o f e r [17] ist ebenfalls der Auffassung, die gesetzlichen Vermächtnisse in den Anwendungsbereich des § 2318 einzubeziehen, will jedoch den Voraus ausgeklammert wissen, da dieser nach § 2311 Abs. 1 S.2 bei der Berechnung des Pflichtteils eines Abkömmlings außer Ansatz bleibe.

Mit P e s t a s c h o w s k y [18] sollte man gesetzliche Ansprüche (z.B. § 1963) vom Anwendungsbereich des § 2318 ausschließen, bei denen eine Bestimmung fehlt, dass die Vorschriften über Vermächtnisse anwendbar sind. Hier gibt es keinen Anhaltspunkt, diese an besondere Situationen anknüpfende Nachlassverbindlichkeiten auch noch mit einer Kürzungseinrede wegen Pflichtteilslasten zu befrachten. Anders verhält es sich jedoch in Fällen, in denen der Gesetzgeber die Vorschriften über das Vermächtnis für anwendbar erklärte. Der Auslegungsansatz W i l k e s dürfte nicht greifen, da es dem Erblasser unbenommen ist, diese Ansprüche letztwillig auszuschließen. Macht er hiervon keinen Gebrauch, schafft er eine vermächtnisgleiche Verbindlichkeit. Der Umstand, dass der Gesetzgeber dies ausdrücklich anordnete, spricht dafür, sämtliche für das Vermächtnis geltenden Vorschriften anzuwenden. Anderenfalls hätte der Gesetzgeber wiederum Ausnahmen hiervon festlegen müssen. Dieses Argument spricht auch dagegen, E d e n h o f e r zu folgen und den Voraus hiervon auszuklammern. Allerdings stützt der von der h.M. [19] angenommene Zweck des § 2318 Abs. 1, Ausgleich für die Nichtabziehbarkeit von Vermächtnissen im Rahmen des § 2311 zu sein, seine Ansicht. Wenn nämlich der Voraus nach § 2311 Abs. 1 S. 2 bei der Berechnung des Pflichtteils außer Ansatz bleibt, müsste nach der h.M. die Rechtfertigung für die Kürzungseinrede des § 2318 Abs. 1 entfallen. Der Gesetzeswortlaut dürfte sich allerdings gegen diese Auffassung

---

[17] Palandt-Edenhofer, § 2318 Rdnr. 1.
[18] Pestaschowsky, Die Pflichtteilslast nach dem BGB, S. 5.
[19] MüKo-Frank, § 2318 Rdnr. 1; RGRK-Johannsen, § 2318 Rdnr. 1, Soergel-Dieckmann, § 2318 Rdnr. 2; Lange/Kuchinke, Erbrecht, § 37 IX. 1.

durchsetzen, da der Gesetzgeber die Kürzungseinrede nicht mit dem Kompensationsgedanken begründet hat[20].

Erbschaftsteuerrechtlich können Pflichtteilsansprüche und Vermächtnisse vom steuerpflichtigen Erwerb nach § 10 Abs. 5 ErbStG abgezogen werden. Kürzt der Erbe das Vermächtnis wegen einer Pflichtteilslast, wird die Abzugsfähigkeit des Vermächtnisses im Rahmen des § 10 Abs. 5 Nr. 2 ErbStG entsprechend eingeschränkt.

2. Die Rechtsstellung des Vermächtnisnehmers

Die Rechtsstellung des Vermächtnisnehmers wird durch das Kürzungsrecht des Erben entscheidend geschwächt, und dies gleich in materieller und prozessualer Hinsicht.

Materiell ist der Anspruch nicht mehr in dem Umfang durchzusetzen, den er auf dem „Papier" hatte. Der Erbe kann dem Vermächtnisnehmer aufgrund des Anspruches des Pflichtteilsberechtigten, mit dem der Vermächtnisnehmer auf den ersten Blick nichts zu tun hat, ein Kürzungsrecht entgegenhalten und damit die Erfüllung des Vermächtnisses in Höhe dieses Kürzungsrechts dauerhaft verweigern.

Prozessual bettet das Kürzungsrecht des Erben den Vermächtnisnehmer ebenfalls nicht auf Rosen. Außergerichtlich mag es noch angehen, den Erben auf die volle Vermächtnisforderung in Anspruch zu nehmen. Zur vorgerichtlichen Abwehr des Vermächtnisanspruches wird der Erbe womöglich schon im eigenen Interesse die Werte des Nachlasses sowie die Pflichtteilslasten, die er zu tragen hat, vorbringen. Eine Rechtspflicht hierzu ist allerdings kaum zu begründen. Deshalb besteht die Gefahr, dass der Vermächtnisnehmer bis zu einer etwaigen gerichtlichen Auseinandersetzung über die Höhe der seiner Forderung entgegenstehenden Kürzungseinrede im Unklaren bleibt.

Der Umfang der Einrede hängt von dem Pflichtteilsanspruch ab. Dessen Höhe wiederum berechnet sich gemäß § 2311 nach dem Wert des Nachlasses. Angesichts der vielfältigen Bewertungsprobleme, die mit § 2311 einhergehen[21], steht der Vermächtnisnehmer in einer etwaigen gerichtlichen Auseinandersetzung vor dem Problem, seinen Anspruch

---

[20] Motive V, S. 420.
[21] Erman-Schlüter, § 2311 Rdnr. 1 ff.; MüKo-Frank, § 2311 Rdnr. 12 ff.

genau zu beziffern (§ 253 Abs. 2 Nr. 2 ZPO). Das wird ihm schwer fallen, da er den Nachlasswert in der Regel nicht kennt und auch nicht kennen kann. Den Zugang zu Erkenntnisquellen bietet weder das geschriebene Recht noch die Rechtsprechung. Schon das Reichsgericht[22] entschied nämlich, dass der mit einem Vermächtnis Beschwerte zu einer Auskunft über den Nachlassbestand gegenüber dem Vermächtnisnehmer an sich nicht verpflichtet ist. § 2314 legt dem Erben nur gegenüber dem Pflichtteilsberechtigten eine umfassende Auskunftspflicht auf.

Ob der Erbe aufgrund seiner ohne Zweifel vorhandenen Nähe zu den Auskunftsquellen aus Treu und Glauben heraus verpflichtet sein kann, dem Vermächtnisnehmer Auskunft zu erteilen, dürfte im Ergebnis abzulehnen sein. Zunächst fragt sich, inwiefern die durch die Rechtsprechung[23] entwickelten Anspruchsvoraussetzungen eines Auskunftsanspruches aus Treu und Glauben vorliegen, denn die Rechtsprechung knüpft eine derartige Verpflichtung daran, dass der Verpflichtete „unschwer" in der Lage sein muss, die begehrte Auskunft zu erteilen. Schon diese sprachliche Schöpfung lässt erkennen, dass hier ein Kriterium aufgestellt werden soll, unter welches je nach gewünschtem Ergebnis subsumiert werden kann. Davon abgesehen dürfte es für den mit einem Vermächtnis Beschwerten angesichts der im Rahmen des § 2314 bestehenden Anforderungen[24] durchaus „schwer" sein, die begehrte Auskunft zu erteilen. Zu gelten hat dies gerade, wenn man die mit § 2311 verbundenen Bewertungsschwierigkeiten berücksichtigt[25].

Überdies steht der Annahme eines Auskunftsanspruches entgegen, dass das Erbrecht in vielen Vorschriften (z.B. §§ 2027, 2057, 2127) detailliert Auskunfts- und Rechenschaftspflichten aufstellt, den hier angesprochenen Bereich indes ausklammert, so dass mit äußerster Vorsicht vorgegangen werden muss, soll der Kanon der Auskunftspflichten um einen solche erweitert werden, die außerhalb des geschriebenen Rechts steht. Auf das möglicherweise auftretende Argument, der Erbe schulde dem Pflichtteilsberechtigten ohnehin Auskunft und bedürfe deshalb keiner zusätzlichen Mühewaltung, darf nicht zurückgegriffen werden. Zum einen muss der Pflichtteilsberechtigte seinen Auskunftsanspruch nicht geltend machen. Zum anderen ist das Rechtsverhältnis des Vermächtnisnehmers zum Erben, was den Bereich einer etwaigen Auskunftspflicht anbelangt,

---

[22] RGZ 129, 239 (241).
[23] RGZ 108, 1 (7); 158, 377 (379); BGHZ 10, 387 (389); 81, 21 (24).
[24] Palandt-Edenhofer, § 2314 Rdnr. 5 ff.
[25] Erman-Schlüter, § 2311 Rdnr. 1 ff.; MüKo-Frank, § 2311 Rdnr. 12 ff.

losgelöst von dem Rechtsverhältnis des Erben zum Pflichtteilsberechtigten zu betrachten. In dieser prozessual misslichen Situation kann dem Vermächtnisnehmer, hält sich der Erbe mit Informationen bedeckt, zumindest für den Bereich der Prozesskosten über § 92 Abs. 2 2.Alt. 3.Var. ZPO geholfen werden, da sich die Höhe des Kürzungsrechts des Erben erst nach einer vorzunehmenden Berechnung bestimmt.

Auf der anderen Seite sollte sich auch der Erbe der Gefahren einer Inanspruchnahme durch Vermächtnisnehmer und Pflichtteilsberechtigte bewusst sein. Angesichts der Maßgeblichkeit des Nachlasswertes für den Pflichtteilsanspruch beziehungsweise das Kürzungsrecht empfiehlt es sich für den Erben, dem nicht am Rechtsstreit Beteiligten den Streit zu verkünden, da die Feststellung der Höhe des Nachlasswertes anderenfalls für den sonst nicht an dem Rechtsstreit Beteiligten nicht bindend wäre[26].

3. Inanspruchnahme des Erben durch den Pflichtteilsberechtigten

§ 2318 Abs. 1 wirft bei seiner Auslegung ein Problem auf, das sich aus dem Wortlaut der Norm nicht ohne weiteres lösen lässt. Die Kürzungsmöglichkeit setzt das Bestehen der Pflichtteilslast voraus. Minimale Anforderung nach dem Gesetzeswortlaut ist damit, dass ein Pflichtteilsberechtigter im Erbfall existent ist und einen Anspruch auf Erfüllung der Pflichtteilsforderung erheben kann. Dieser Pflichtteilsanspruch vermag sich nun in verschiedene Richtungen zu entwickeln. Der Regelfall wird sein, dass der Pflichtteilsberechtigte seinen Anspruch gegen den Erben zumindest dem Grunde nach erfolgreich durchsetzt. Angesichts der knapp bemessenen Verjährungsfrist von 3 Jahren (§§ 197 Abs. 1, 2332) muss allerdings auch geklärt werden, ob das Kürzungsrecht greift, wenn Pflichtteilsansprüche bereits verjährt sind. Denkbar ist dies insbesondere deshalb, weil der Vermächtnisanspruch erst in dreißig Jahren verjährt (§ 197 Abs. 1 Nr. 2).

Daneben ist daran zu denken, dass der Pflichtteilsberechtigte – aus welchen Gründen auch immer – seinen Anspruch nicht erhebt oder aber auf ihn, etwa im Wege eines Erlassvertrages, verzichtet.

Aufgeworfen ist damit die grundsätzliche Frage, ob der Erbe die Kürzungseinrede nur dann geltend machen kann, wenn die Erbmasse durch befriedigte oder noch zu befriedigende Pflichtteilsansprüche geschmälert

---

[26] AK-Däubler, § 2318 Rdnr. 10.

wird, oder ob es ausreicht, dass im Zeitpunkt des Erbfalles Pflichtteilsansprüche bestehen, deren weiteres Schicksal auf die Berechtigung des Erben, ihretwegen das Vermächtnis zu kürzen, ohne Einfluss bleibt. Dass es sich dabei keineswegs um eine rein akademische Frage handelt, vermag folgende Konstellation zu veranschaulichen:

> Bsp. 2: Der verwitwete Erblasser E war alleiniger Komplementär der Erblasser & Sohn KG, sein einziger Sohn S ist deren Kommanditist. Am Geschäft nicht weiter interessiert, reicht ihm seine Kapitalbeteiligung. Ohne die weitreichenden Folgen des Pflichtteilsrechts zu bedenken, setzt der Erblasser den Prokuristen A zum Alleinerben ein und vermacht der V einen Betrag von 250.000,-- €. Der Wert der Komplementärbeteiligung – einziger nennenswerter Nachlassbestand - beträgt 1.000.000,-- €.

Erhebt Sohn S nunmehr seinen grundsätzlich[27] sofort fälligen Pflichtteilsanspruch (½ von 1.000.000,-- € = 500.000,-- €), gerät die KG, ungeachtet des § 2331a, möglicherweise in gravierende Liquiditätsprobleme. Gefährdet wäre damit auch die Werthaltigkeit der kapitalistischen Kommanditistenstellung des S, denn seine künftigen Gewinnansprüche würden durch sein Pflichtteilsverlangen aller Voraussicht nach in Mitleidenschaft gezogen. Verfährt S derart, kann Erbe A das Vermächtnis der V entsprechend der zu Bsp.1 entwickelten Formel um die Hälfte kürzen (KB = 500.000,-- €/1.000.000,--€ x 250.000,--€ = 125.000,-- €).

> Weil S die Motive des Erblassers nicht durchkreuzen will und ihm seine Stellung als Kommanditist einen stattlichen jährlichen Anteil am Gewinn des Unternehmens einbringt, entschließt er sich dazu, mit A hinsichtlich seines Pflichtteilsanspruches einen Erlassvertrag zu schließen.

Verliert A gegenüber V aufgrund des Erlassvertrages die Kürzungsmöglichkeit aus § 2318 Abs. 1, wird S sich diese unternehmenserhaltenden Schritte nochmals genau überlegen müssen. Denn er würde sich nicht nur selbst des Rechtes begeben, seinen Pflichtteil zu fordern, darüber hinaus widerführe der an diesem Vorgang unbeteiligten V ein beträchtlicher Vermögenszuwachs, der den Erben A und damit das Unternehmen erheblich belastete.

---

[27] § 2014 gewährt lediglich die Möglichkeit der sogenannten „3- Monats-Einrede".

Da der Wortlaut des § 2318 Abs. 1 dem Rechtsanwender bei der Beantwortung der Frage, ob der Erbe die Kürzungsmöglichkeit gegenüber dem Vermächtnisnehmer nur dann hat, wenn der Pflichtteilsanspruch die Erbmasse effektiv mindert, nicht weiter hilft, gilt es, sich Sinn und Zweck der Norm zu vergegenwärtigen. Das Kürzungsrecht soll dem Erben nach heutigem Verständnis[28] gegenüber dem Vermächtnisnehmer einen Ausgleich dafür gewähren, dass bei der Ermittlung der Höhe des Pflichtteilsanspruches die den Erben beschwerende Vermächtnisanordnung nicht abzuziehen ist. Anders gewendet, hätte man im Rahmen des für die Berechnung der Pflichtteilsansprüche maßgeblichen § 2311 die Vermächtnisse absetzen dürfen, hätte es des § 2318 Abs. 1 nicht bedurft. § 2318 Abs. 1 will den Erben, legt man der Norm diesen Zweck zugrunde, demnach nicht deshalb begünstigen, weil ihn Pflichtteilsforderung und Vermächtnisanordnung treffen, sich also beide Ansprüche gegen ihn richten. Maßgebend für das Kürzungsrecht ist, die Nachteile bei der Berechnung des Nachlasswertes kompensieren zu wollen. Ist dies der Sinn und Zweck der Bestimmung, dürfte es dem Vermächtnisnehmer nicht zum Vorteil gereichen, wenn der Pflichtteilsanspruch später wegfällt, denn an dem grundsätzlichen Verbot der Passivierung von Vermächtnissen bei der Berechnung des Nachlasswertes hat sich nichts geändert. Im Nachhinein ist lediglich der Fall eingetreten, dass der Erbe eine von beiden Verbindlichkeiten nicht mehr erfüllen muss.

Die Rechtsprechung ist sich uneins. Während das OLG Frankfurt meint, das Entstehen des Anspruchs auf Beteiligung des Vermächtnisnehmers an der den Erben treffenden Pflichtteilslast setze voraus, dass der Erbe durch den Pflichtteilsberechtigten wirtschaftlich in Anspruch genommen werde[29], lässt es das LG München genügen, wenn der Erbe mit dem Pflichtteilsberechtigten einen schenkweisen Erlassvertrag schließt, denn darin komme schon ein konkretes Geltendmachen zum Ausdruck[30].

In der Literatur wird dieses Problem nur am Rande behandelt. Ohne nähere Begründung behaupten Kerscher/Riedel/Lenz[31], die Kürzungseinrede des § 2318 Abs. 1 verlange, dass der Pflichtteilsberechtigte sein Recht konkret geltend mache, weil das Kürzungsrecht den Erben vor einer übergebührlichen Inanspruchnahme im Verhältnis zu Vermächtnisnehmern

---

[28] Siehe oben S. 6 f.
[29] OLG Frankfurt, FamRZ 1991, 238 (240).
[30] LG München II, NJW-RR 1989, 8.
[31] Kerscher/Riedel/Lenz, Pflichtteilsrecht in der anwaltlichen Praxis, § 6 Rdnr. 103.

schützen soll. So lange eine wirtschaftliche Belastung nicht bestehe, sei der Erbe auf den Schutz des § 2318 Abs. 1 nicht angewiesen. Unbeantwortet lassen Kerscher/Riedel/Lenz jedoch, welche Anforderungen an ein konkretes Geltendmachen zu stellen seien.

Möglicherweise hilft ein Blick auf die hinter § 2323 stehenden Erwägungen. Denn diese Vorschrift wendet sich der Frage zu, in welchen Fällen es einem Miterben verwehrt sein soll, ein ihm auferlegtes Vermächtnis zu kürzen. Hierzu führt vOlshausen aus, nur die den Erben endgültig treffende, ihn also auch wirklich beeinträchtigende Pflichtteilsverbindlichkeit solle zur Kürzung von Vermächtnissen berechtigen[32]. § 2323 wiederum setzt voraus, dass der Erbe die Pflichtteilslast nach den §§ 2320 - 2322 im Innenverhältnis auf einen Miterben abwälzen oder aufgrund dieser Normen die Pflichtteilslast mindern kann. Nach § 2323 soll der durch §§ 2320 – 2322 privilegierte Erbe nicht doppelt begünstigt werden, ohne dass ihm in seiner Erbenstellung ein Nachteil widerfährt[33]. Denn wenn nur ein Miterbe im Innenverhältnis mit der Pflichtteilslast belastet ist, soll dem anderen Erben allein der Umstand, dass ein Pflichtteilsberechtigter existent ist, nicht das Kürzungsrecht aus § 2318 Abs. 1 mitteln. Sofern nämlich ein Miterbe im Innenverhältnis von der Pflichtteilslast freigestellt ist, bleibt seine Haftung im Außenverhältnis zwar unberührt, intern kann er die Belastung allerdings weiterreichen. Mithin gilt für die über §§ 2320 – 2322 zu lösenden Sachverhalte, dass die hiernach vorzunehmende Verteilung der Pflichtteilslast dem privilegierten Miterben nicht noch einmal dahingehend zum Vorteil gereicht, den Vermächtnisnehmer auf die insofern für ihn im Ergebnis nicht bestehende Pflichtteilslast zu verweisen.

Stellungnahme:

Es griffe zu weit, aus den zu der Spezialvorschrift des § 2323 führenden Erwägungen einen Grundsatz des Inhalts abzuleiten, dass der Erbe dem Vermächtnisnehmer immer dann das ihm eigentlich zustehende Kürzungsrecht nicht entgegenhalten kann, wenn er wirtschaftlich durch das Bestehen des Pflichtteilsanspruches nicht berührt wird. Eine derartige These würde verkennen, dass in §§ 2320 – 2322 nur solche Konstellationen

---

[32] von Olshausen, Die Verteilung der Pflichtteilslast zwischen Erben und Vermächtnisnehmern – Insbesondere zum Verhältnis des § 2318 I zu § 2320 BGB bei Enterbung eines Pflichtteilsberechtigten -, MDR 1986, 89 (92).
[33] Motive V, S. 424.

geregelt sind, in denen die Pflichtteilslast zumindest einen Miterben primär trifft, der andere indes von ihr verschont bleibt. Hier hat § 2323 den schmalen Anwendungsbereich, das Kürzungsrecht des Miterben einzuschränken, um einer Kumulierung aus Kürzungsrecht und Überwälzen der Pflichtteilslast entgegenzuwirken.

Argumente für die Auslegung des § 2318 Abs. 1 können daher aus § 2323 nicht hergeleitet werden, da § 2318 Abs. 1 Ausgleich für eine ganz andere Belastung des Erben, nämlich das Verbot, Vermächtnisse bei der Nachlassbewertung nach § 2311 abzuziehen, sein soll. Mithin vermag auch der hinter § 2323 stehende Rechtsgedanke nicht die Ansicht der Literatur zu stützen, die Kürzungsmöglichkeit des § 2318 Abs. 1 erfordere eine Inanspruchnahme des Erben durch den Pflichtteilsberechtigten.

Letztlich unterlegt die Forderung nach einer effektiven Belastung der Erbmasse dem Kürzungsrecht eine Abhängigkeit zum Pflichtteilsanspruch, die dem Vermächtnisnehmer mehr Schutz zukommen lässt, als es notwendig erscheint. Fraglich ist, wodurch eine so weit reichende Akzessorietät gerechtfertigt sein kann. Womöglich hilft ein Blick auf die Grundgedanken, die hinter einer akzessorischen Verknüpfung zweier Rechte stehen. Diese dient nämlich in aller Regel dazu, den Gleichlauf zwischen Forderung und Sicherungsrecht zu gewährleisten[34].

Auf den Fall des Erben gemünzt, der sich zunächst mit Ansprüchen des Pflichtteilsberechtigten und des Vermächtnisnehmers konfrontiert sieht, hieße dies, dass ihm das Kürzungsrecht des § 2318 Abs 1 nur dann und insoweit zustatten käme, wenn er auch den Pflichtteilsanspruch erfüllt. In diesem Fall besitzt die dem Vermächtnisnehmer gegenüber bestehende Einredemöglichkeit einen Sicherungszweck. Soweit jedoch der Pflichtteilsanspruch nicht geltend gemacht wird, die Hauptschuld gleichermaßen erlischt, gerät auch das Sicherungsrecht, hier die Kürzungsmöglichkeit, in Fortfall.

Für die akzessorische Verknüpfung zweier Rechte ist prägend, dass derjenige, der das Sicherungsrecht hingegeben hat, durch diese Bindung an die Hauptschuld geschützt wird. Zudem liegt in der Regel eine schuldrechtliche Abrede zwischen dem Schuldner und dem Sicherungsgeber sowie dem Sicherungsnehmer vor, worin regelmäßig die Rechte und Pflichten der Beteiligten festgelegt sind. Aus dieser heraus ist der Sicherungsgeber im Verhältnis zum Gläubiger sogar verpflichtet,

---

[34] Medicus, Durchblick: Die Akzessorietät im Zivilrecht, JuS 1971, 497 ff.

seinen Sicherungsgegenstand zwecks Befriedigung preiszugeben. Wertungsmäßig liegt hier der entscheidende Unterschied, der es gebietet, dem Erben das Kürzungsrecht unabhängig davon einzuräumen, ob er letztlich aus der Erbmasse, seinem eigenen Vermögen oder gar nicht für die Erfüllung des Pflichtteilsanspruches aufkommt. Während zwischen dem Sicherungsgeber und dem Schuldner bei akzessorisch ausgestalteten Rechten eine gesonderte Rechtsbeziehung besteht, die sich in einer entsprechenden Haftung des Sicherungsgebers realisieren kann, fehlt es im Verhältnis des Erben zum Vermächtnisnehmer gerade an dieser besonderen Beziehung. Sicherungsgeber und Schuldner knüpften einvernehmlich ein besonderes schuldrechtliches Band, wohingegen die schuldrechtliche Beziehung des Erben zum Vermächtnisnehmer nicht auf ihrer Initiative beruht, sondern ihre Ursache in der letztwilligen Verfügung des Erblassers findet. So muss der Vermächtnisnehmer, wenn ihm die Einrede des § 2318 Abs. 1 entgegengehalten wird, keinen Gegenstand seines zuvor erworbenen Vermögens opfern. Vermindert wird lediglich sein im Wege der Zuwendung eines Vermächtnisses begründeter Anspruch auf Teilhabe an dem Nachlass, indem dieser von von vornherein teilweise einredebehaftet ist.

Auch das aus dem Erbschaftsteuerrecht gewonnene Argument, es dürften nur Pflichtteilsansprüche erwerbsmindernd nach § 10 Abs. 5 ErbStG abgezogen werden, die den Erben auch wirtschaftlich treffen[35], greift nicht. Verkennen würde dieser Einwand, dass das Erbschaftsteuerrecht versucht, die zusätzliche wirtschaftliche Leistungsfähigkeit des Steuerpflichtigen, die sich durch den Vermögensanfall von Todes wegen vollzogen hat, zur Bemessungsgrundlage zu erheben. Hier wird also ein gänzlich anderer Zweck verfolgt als im Zivilrecht. Mit Auswirkungen auf ein vermeintliches Kürzungsrecht des Erben aus § 2318 Abs. 1 braucht sich das ErbStG an dieser Stelle nicht zu befassen.

Möglicherweise ist jedoch danach zu unterscheiden, aus welchen Gründen der Erbe nicht auf den Pflichtteil in Anspruch genommen wird. Zu untersuchen ist, ob die Kürzungsrede des § 2318 Abs. 1 davon abhängen soll, dass dem Pflichtteilsanspruch Einreden im materiellen Sinn entgegengehalten werden können oder aber der Pflichtteilsanspruch erloschen ist, ohne dass die Erbmasse belastet ist. Als dauerhafte Einrede kommt hier die Verjährung in Betracht, während ein Erlöschen des Pflichtteilsanspruchs vorliegt, wenn der Pflichtteilsberechtigte dem Erben die Schuld erlässt.

---

[35] Meincke, Erbschaftsteuer- und Schenkungsteuergesetz, § 10 Rdnr. 36.

Bei einem Erlassvertrag wird man kaum annehmen können, dass hierdurch die Kürzungseinrede fortfällt. Damit würde der Pflichtteilsberechtigte dem Vermächtnisnehmer, der an dem Erlassvertrag nicht einmal beteiligt ist, einen Vermögenswert zuwenden. Regelmäßig dürfte dies nicht in seinem Interesse liegen. Auch gilt es zu berücksichtigen, dass spätere Verfügungen des Pflichtteilsberechtigten über seinen Anspruch möglicherweise auf besondere Anstrengungen des Erben zurückzuführen sein oder aber den besonderen Willen des Pflichtteilsberechtigten zur Begünstigung der Erbmasse widerspiegeln können.

Lässt der Pflichtteilsberechtigte hingegen seinen Anspruch verjähren, fehlt zumindest der nach außen hin bekundete Wille, den Erben beziehungsweise die Erbmasse zu begünstigen. Neben dem Versäumen der einzuhaltenden Frist gemäß § 2332 Abs. 1 ist die Möglichkeit nicht außer acht zu lassen, dass der Pflichtteilsberechtigte bewusst seinen Anspruch nicht geltend macht. Die Motive, die einen Pflichtteilsberechtigten hierzu veranlassen, können vielschichtig sein. Möglicherweise soll der Erbe begünstigt werden, es kann jedoch auch sein, dass der Pflichtteilsberechtigte aus der Erbmasse keinen Vermögenswert bekommen möchte. Auch steht nach eingetretener Verjährung nicht einmal endgültig fest, ob der Erbe nicht doch noch den Pflichtteilsanspruch befriedigt. Zum einen bedarf es noch der Erhebung der Verjährungseinrede, zum anderen ist der Erbe auch nach erhobener Verjährungseinrede nicht gehindert, dennoch den Pflichtteil zu zahlen. Die Einrede der Verjährung wiederum vermag nur die Durchsetzbarkeit des Pflichtteilsanspruchs zu hindern, der Anspruch selbst bleibt bestehen. Weil nicht vorhergesehen werden kann, ob die Einrede mit Erfolg erhoben werden kann und weil es dem Erben unbenommen ist, den Pflichtteilsanspruch trotz Verjährung zu befriedigen, besteht keine Veranlassung, den Vermächtnisnehmer über einen Ausschluss der Kürzungseinrede des § 2318 Abs. 1 zu begünstigen. Auch für die Rechtspraxis wäre es kaum hinzunehmen, die Kürzungseinrede des § 2318 Abs. 1 mit solchen Unsicherheiten zu befrachten. Wenn der Vermächtnisnehmer seinen Anspruch geltend macht, wenn der Pflichtteilsanspruch noch nicht verjährt ist, wird die Frage, ob der Erbe diesen schon befriedigt hat, kaum diskutiert werden. Um sich auf § 2318 Abs. 1 berufen zu können, genügt es dem Erben, noch zu befriedigende Pflichtteilsansprüche zu behaupten. Anderes kann auch nicht für den Fall gelten, dass der Vermächtnisnehmer seinen Anspruch geltend macht, nachdem bereits Verjährung des Pflichtteilsanspruchs eingetreten ist. Würde in solcher Situation dem Erben die Kürzungseinrede des § 2318

Abs. 1 versagt, zwänge man ihn dazu, von dem Verjährungseinwand Gebrauch zu machen. Dem steht indes entgegen, dass das Schuldverhältnis des Erben zum Vermächtnisnehmer unabhängig von dem des Erben zum Pflichtteilsberechtigten ist und dem Vermächtnisnehmer keine Mittel zur Verfügung stehen, den Erben dazu anzuhalten, gegenüber dem Pflichtteilsanspruch die Einrede der Verjährung zu erheben.

Demnach fehlt es an einem rechtfertigenden Grund dafür, Vorgänge im Innenverhältnis Erbe – Pflichtteilsberechtigter dahingehend wirken zu lassen, den außenstehenden Vermächtnisnehmer zu begünstigen.

Mithin ist im Bsp. 2 die V im Verhältnis ihrer Beteiligung am Nachlass (¼) an der Pflichtteilslast zu beteiligen, auch wenn der Erbe wirtschaftlich nicht durch den Pflichtteilsanspruch belastet wird. Der dem Vermächtnisanspruch entgegenzuhaltende Kürzungsbetrag beläuft sich demnach auf 125.000,-- €.

II. Einschränkende und erweiternde Ausnahmen des Kürzungsrechts

Bevor sich der Erblasser dazu entschließt, von § 2318 Abs. 1 abweichende Anordnungen zu treffen, hat er zu bedenken, dass ihm das Gesetz mit § 2318 Abs. 2 und 3 Grenzen zieht. Eingeschränkt wird das Kürzungsrecht durch § 2318 Abs. 2, wonach gegenüber einem pflichtteilsberechtigten Vermächtnisnehmer die Kürzung nur soweit zulässig ist, dass ihm der Pflichtteil verbleibt. § 2318 Abs. 3 hingegen erweitert das Kürzungsrecht für den selbst pflichtteilsberechtigten Erben dahin, wegen der Pflichtteilslast das Vermächtnis soweit zu kürzen, dass ihm sein eigener Pflichtteil verbleibt. Diese Schranken der Testierfreiheit haben ihren Grund darin, dass sowohl Vermächtnisnehmer als auch Erbe zumindest in Höhe ihres Pflichtteils den Schutz genießen sollen, der ihnen zukäme, würden sie außerhalb des testamentarisch angeordneten Gefüges stehen und berechtigt sein, selbst Pflichtteilsansprüche gegen den Erben zu erheben. Während für diese beiden Fälle Regelungen getroffen wurden, lässt das Gesetz indes die Konstellation offen, dass die in § 2318 Abs. 2 und 3 geregelten Sachverhalte zusammentreffen. Ebenfalls nicht normiert ist der Fall, dass neben einem nicht Pflichtteilsberechtigten ein Pflichtteilsberechtigter mit einem Vermächtnis begünstigt wird.

1. Zusammentreffen eines pflichtteilsberechtigten mit einem nicht pflichtteilsberechtigten Vermächtnisnehmer

Welche Probleme die Verteilung der Pflichtteilslast aufwerfen kann, vermag folgendes Beispiel zu belegen:

> Bsp. 3 nach Kerscher/Riedel/Lenz § 6 Rdnr. 108: Der Erblasser E hinterlässt zwei Söhne. Sohn A erhält ein Vermächtnis in Höhe von 2.000,-- €. Der Familienfremde V erhält ein Vermächtnis in gleicher Höhe. Sohn B macht seinen Pflichtteil geltend, da E den X zum Alleinerben eingesetzt hat. Der Nachlasswert beträgt 8.000,-- €.

Der Pflichtteilsanspruch des B beläuft sich auf 2.000,-- € (§§ 2317, 2303). § 2318 Abs. 2 wirkt nun zu Gunsten des A. Verlangt er von X Erfüllung seines Vermächtnisanspruches, ist X nicht berechtigt, entsprechend dem Grundsatz des § 2318 Abs. 1 den Vermächtnisnehmer an der Pflichtteilslast im Innenverhältnis zu beteiligen. § 2318 Abs. 2 schützt den pflichtteilsberechtigten Vermächtnisnehmer jedenfalls davor, unter seinen fiktiven Pflichtteil zu geraten, wenn ihm ein betragsmäßig gleich hohes oder höheres Vermächtnis ausgelobt ist.

Fraglich ist nunmehr, wie der nicht pflichtteilsberechtigte V im Innenverhältnis zu X an den mit der Erbschaft verbundenen Lasten zu beteiligen ist. Unsicherheit bei der Beurteilung dieser Frage kommt deshalb auf, weil der Erbe die Vermächtnisforderung des an sich pflichtteilsberechtigten A nicht kürzen kann. Geschützt durch § 2318 Abs. 2, ruht diese Forderung gleichsam als Last auf dem Nachlass wie ein Pflichtteilsanspruch. Als solcher wird der Anspruch allerdings nicht erhoben. § 2318 Abs. 1 wiederum gestattet dem Wortlaut nach dem Erben gegenüber dem Vermächtnisnehmer nur eine verhältnismäßige Kürzung wegen der Pflichtteilslast, jedoch nicht wegen einer Vermächtnisforderung, die „deckungsgleich" mit dem fiktiven Pflichtteilsanspruch ist. Ferid/Cieslar[36] wollten hier bei der Berechnung des Kürzungsbetrages <u>vorab</u> vom Nachlasswert das Vermächtnis des pflichtteilsberechtigten Vermächtnisnehmers abziehen. Dies führt vorliegend zu folgendem Kürzungsbetrag:

---

[36] Staudinger-Ferid/Cieslar, 12. Auflage, § 2318, Rdnr. 27.

$$KB = \frac{\text{Vermächtnis x Pflichtteilslast}}{\text{Nachlasswert ./. Vermächtnis des pflichtteilsberechtigten VN}}$$

$$KB = \frac{2.000,-- \text{€} \times 2.000,-- \text{€}}{6.000,-- \text{€}}$$

$$KB = 666,67 \text{ €}$$

Bleibt man bei diesem Ergebnis stehen, wird ohne Not mit Grundsätzen gebrochen, die der gesetzlichen Verteilung der Pflichtteilslast inne wohnen. Es ist nicht ersichtlich, aus welchem Grunde der Vermächtnisanspruch des pflichtteilsberechtigten Vermächtnisnehmers zwar im Rahmen des § 2311 nicht zu passivieren ist, bei der Beteiligung des nicht pflichtteilsberechtigten Vermächtnisnehmers an der Pflichtteilslast indes zum Nachteil dieses Vermächtnisnehmers Eingang in die Kürzungsformel finden soll. Ein derartiger Systembruch führt denn auch dazu, dass der über § 2318 Abs. 1 geltende, verhältnismäßige Beteiligungsmaßstab des Vermächtnisnehmers nicht mehr gehalten wird. Für § 2318 Abs. 1 gilt, dass das Verhältnis der Pflichtteilslast zum ungekürzten Nachlasswert maßgeblich für den gegenüber dem Vermächtnisnehmer einredeweise geltendzumachenden Kürzungsbetrag ist. Willkürlich mutet es an, in § 2318 Abs. 1 auf diese Weise einzugreifen, weil § 2318 Abs. 2 dem Erben bei der Kürzung gegenüber einem pflichtteilsberechtigten Vermächtnisnehmer Schranken zieht, denn ob die Nachlassverbindlichkeit Vermächtnis von einem Familienfremden oder einem Pflichtteilsberechtigten geltend gemacht wird, ist für die Berechnung des Nachlasswertes (§ 2311) ohne Belang. Belässt man es hingegen bei dem ungekürzten Nachlasswert, kann man auf den Gedanken kommen, dass der nicht pflichtteilsberechtigte V lediglich in Höhe von 500,-- € an der Pflichtteilslast zu beteiligen ist. Denn nach der zu § 2318 Abs. 1 entwickelten Grundformel für den Kürzungsbetrag des Vermächtnisses gilt hier:

$$KB = \frac{2.000,-- \text{€ (Pflichtteil)} \times 2.000,-- \text{€ (Vermächtnis)}}{8.000, - \text{€}}$$

$$KB = 500,-- \text{ €}$$

Obschon diese Lösung auf den ersten Blick zu gewährleisten scheint, den Beteiligungsmaßstab des § 2318 Abs. 1 zu wahren, wird sie nicht dem Umstand gerecht, dass dem Kürzungsrecht des Erben gegenüber einem weiteren Vermächtnisnehmer wegen dessen Zugehörigkeit zum Kreis der pflichtteilsberechtigten Personen Grenzen gezogen sind. Es dürfte daher nicht genügend sein, nur den Pflichtteilsanspruch des den Pflichtteil fordernden B in die Berechnung einzubeziehen. Das berechtigte Anliegen von Ferid/Cieslar, den nicht pflichtteilsberechtigten Vermächtnisnehmer an Lasten zu beteiligen, denen sich der Erbe gegenüber Pflichtteilsberechtigten und/oder pflichtteilsberechtigten Vermächtnisnehmern nicht entziehen kann, sollte nicht auf dem Wege umgesetzt werden, den Nachlasswert bei der Berechnung des Kürzungsbetrages zu verändern. Dieser dürfte als Bezugsgröße zur verhältnismäßigen Beteiligung an den auf der Erbschaft ruhenden Lasten beizubehalten sein.

Vielmehr sollte sich ausgehend von dem Gedanken, den Vermächtnisnehmer als Ausgleich für die Nichtabziehbarkeit dieses Anspruches im Rahmen des § 2311 an der Pflichtteilslast verhältnismäßig zu beteiligen, die zutreffende Beteiligung des nicht pflichtteilsberechtigten Vermächtnisnehmers an den unentziehbar auf dem Erbe ruhenden Pflichtteilslasten in einer fiktiven Betrachtung derselben finden können. Lässt man in die Formel zur Berechnung des Kürzungsbetrages auch den fiktiven Pflichtteilsanspruch des Vermächtnisnehmers einfließen, würde man dadurch letztlich dem Umstand gerecht, dass das Vermächtnis des pflichtteilsberechtigten Vermächtnisnehmers gegen Eingriffe in diesen Bereich geschützt, also vollumfänglich vom Erben zu tragen ist. Damit wäre auch der Vermächtnisanspruch des pflichtteilsberechtigten Vermächtnisnehmers in der Höhe seines fiktiven Pflichtteilsanspruchs als auf der Erbschaft ruhende Last einzuordnen, welcher sich der Erbe nicht entziehen kann. Hieran ist der nicht pflichtteilsberechtigte Vermächtnisnehmer entsprechend dem Grundsatz des § 2318 Abs. 1 zu beteiligen.

Gerechtfertigt wird eine derart fiktive Betrachtung der Pflichtteilslast in Kollisionsfällen nicht zuletzt durch das Gesetz selbst. Zunächst räumt § 2307 dem mit einem Vermächtnis bedachten Pflichtteilsberechtigten ein Wahlrecht zwischen Vermächtnis und Pflichtteil ein. Selbst wenn sich der Pflichtteilsberechtigte mit einem unterhalb des Pflichtteils liegenden Vermächtnis begnügen sollte, eröffnet ihm § 2307 Abs. 1 Satz 2 den Anspruch auf einen Zusatzpflichtteil (§ 2305). Der Pflichtteil selbst bleibt also geschützt. In die gleiche Richtung zielt das dem Erben eingeräumte Kürzungsrecht des § 2318 Abs. 2. Danach ist zwar die Kürzung des Vermächtnisses möglich, verbleiben muss dem pflichtteilsberechtigten

Vermächtnisnehmer in jedem Fall der Pflichtteil. Auch § 327 Abs. 2 Satz 1 InsO misst dem Vermächtnisanspruch eines Pflichtteilsberechtigten zumindest in der Höhe seines Pflichtteils gleichen Rang ein wie der Pflichtteilsforderung selbst, wenn bestimmt wird:

„Ein Vermächtnis, durch welches das Recht des Bedachten auf den Pflichtteil nach § 2307 des Bürgerlichen Gesetzbuches ausgeschlossen wird, steht, soweit es den Pflichtteil nicht übersteigt, im Rang den Pflichtteilsrechten gleich. "

Fasst man diese Eigentümlichkeiten des Vermächtnisanspruchs eines Pflichtteilsberechtigten zusammen, heißt dies, dass es sich hierbei zwar gesetzestechnisch um das zugewendete Forderungsrecht aus § 2174 handelt. Unentziehbarer Kern dieses Anspruches ist indes der Pflichtteilsanspruch des Vermächtnisnehmers[37]. Dieser taucht gleichsam in der Gestalt der Vermächtnisforderung auf, indem er die innere Schranke der diesem Anspruch potentiell entgegenstehenden Einrede des § 2318 Abs. 1 darstellt.

Da diese Schranke den Pflichtteilskern des Anspruchs aus § 2174 schützt, der Erbe ihn jedenfalls erfüllen muss, ist es gerechtfertigt, ihn bei der Berechnung des Kürzungsbetrages im Rahmen der Pflichtteilslast zu berücksichtigen, auch wenn der Anspruch pro forma nicht als solcher erhoben ist. Dadurch wird dem berechtigten Anliegen von Ferid/Cieslar Rechnung getragen, den nicht pflichtteilsberechtigten Vermächtnisnehmer an der unentziehbar auf dem Nachlass ruhenden Pflichtteilslast zu beteiligen.

Soweit Bedenken bestehen, hier werde der Begriff der Pflichtteilslast in einer über den Wortlaut hinausgehenden Weise, mit dem Gesetz nicht mehr vereinbar, ausgelegt, vermag diesem Argument damit begegnet zu werden, dass der vorbezeichnete Kollisionsfall durch eine analoge Anwendung des § 2318 Abs. 1 ebenfalls interessengerecht aufzulösen ist. Voraussetzung hierfür ist zunächst das Vorliegen einer planwidrigen Regelungslücke. Zwar besteht mit § 2318 Abs. 1 eine Bestimmung über die Kürzungseinrede des Erben gegenüber einem Vermächtnisnehmer, vom Wortlaut gedeckt ist allerdings nur eine Kürzung wegen einer Pflichtteilslast, worunter Ansprüche Pflichtteilsberechtigter nach § 2317 zu

---

[37] Vgl. Planck-Greiff, § 2318 Anm. 3, der ausführte, dass § 2318 Abs. 2 in Fällen, in denen das Vermächtnis unterhalb des Pflichtteils liege, eine Kürzung ausschließe, da der Wert des Vermächtnisses einen Teil des Pflichtteils bilde.

subsumieren sein können. Nicht geregelt ist die Frage, ob sich der Vermächtnisnehmer auch Kürzungen gefallen lassen muss, wenn Pflichtteilsberechtigte nicht einen Pflichtteilsanspruch, sondern einen Vermächtnisanspruch geltend machen. Aus dem Umstand, dass der Gesetzgeber hierüber keine Regelung traf, kann zunächst gefolgert werden, dass eine Kürzung eines Vermächtnisses wegen der Vermächtnisforderung eines Pflichtteilsberechtigten eben nicht statthaft ist. Damit ließe man allerdings grundlegende Wertungen des Gesetzgebers, die den Bestimmungen über die Verteilung der Pflichtteilslast zugrunde liegen, außer acht. Zum einen soll die Kürzungseinrede einen Ausgleich dafür schaffen, Vermächtnisse bei der Berechnung des Nachlasswertes nicht passivieren zu können. Zum anderen soll dem pflichtteilsberechtigten Erben oder Vermächtnisnehmer immer sein Pflichtteil gewahrt bleiben, dieser muss jedenfalls ausgekehrt werden. Dies kommt durch die Abs. 2 und 3 des § 2318 zum Ausdruck. Belastet oder berechtigt ist hier jeweils der Erbe. Im Rahmen des § 2318 Abs. 2 wird ihm die Kürzungseinrede eingeschränkt, im Rahmen des § 2318 Abs. 3 ist er als Erbe gleichsam sich selbst als Pflichtteilsberechtigtem gegenüber ermächtigt, zum Schutze seines Pflichtteils Vermächtnisse zu kürzen. Sowohl in § 2318 Abs. 1 als auch in Abs. 3 kommt die Wertung des Gesetzgebers zum Ausdruck, den Vermächtnisnehmer für Pflichtteilsansprüche im Innenverhältnis haften zu lassen. § 2318 Abs. 2, aber auch § 327 Abs. 2 Satz 1 InsO bestimmen nunmehr, dass bei dem pflichtteilsberechtigten Vermächtnisnehmer trotz des Gewandes eines Vermächtnisanspruches der Geldanspruch in Höhe des Pflichtteils einer Pflichtteilsforderung gleich zu stellen ist. Hinsichtlich dieses Betrages ist für den Erben die Ausgangslage dieselbe, als wenn der Pflichtteilsberechtigte nicht mit einem Vermächtnis bedacht worden wäre und er sogleich nur den Pflichtteil geltend gemacht hätte. Wenn aber der Gesetzgeber den Fall, dass der Erbe mit Ansprüchen eines Vermächtnisnehmers und eines pflichtteilsberechtigten Vermächtnisnehmers konfrontiert wird, nicht regelte, er aber dem Erblasser den Willen unterstellt, den Vermächtnisnehmer und den Erben verhältnismäßig für den Pflichtteil haften zu lassen, ist es interessengerecht, den Anwendungsbereich des § 2318 Abs. 1 auf diesen Fall zu erstrecken.

Vermieden wird auf diese Weise, dass das Kürzungsrecht des Erben bei wirtschaftlich gleich laufenden Sachverhalten eher der Zufälligkeit folgt, ob dem zum Kreis der pflichtteilsberechtigten Personen Dazugehörigen ein Vermächtnis in Höhe seines Pflichtteils oder nichts zugewandt wurde und ihm deshalb sein gesetzlicher Pflichtteilsanspruch zusteht.

Für unser Beispiel ergibt sich somit folgender Kürzungsbetrag, der dem nicht pflichtteilsberechtigten Vermächtnisnehmer entgegengehalten werden kann.

$$KB = \frac{\text{Vermächtnis Familienfremder x gesetzliche Pflichtteilsansprüche}}{\text{ungekürzter Nachlasswert}}$$

$$KB = \frac{2.000,-- € \times 4.000,-- €}{8.000,-- €}$$

$$KB = 1.000,-- €$$

Eine weite Auslegung des Tatbestandsmerkmals der Pflichtteilslast oder aber eine analoge Anwendung des § 2318 Abs. 1 gewährleisten einen einheitlichen und systemgerechten Maßstab bei der Kürzung der Ansprüche des Vermächtnisnehmers auch in den Fällen, bei denen dieser Anspruch mit dem Vermächtnisanspruch eines Pflichtteilsberechtigten zusammenfällt.

2. Haftungsbetrag des pflichtteilsberechtigten Vermächtnisnehmers

Einem pflichtteilsberechtigten Vermächtnisnehmer gegenüber entfällt die Kürzungseinrede vollends, geht seine Vermächtnisforderung nicht über den Wert seines fiktiven Pflichtteils hinaus. Liegt die Vermächtnisforderung unterhalb des Pflichtteils, bleibt der Vermächtnisnehmer nach § 2307 Abs. 1 Satz 2 hinsichtlich des Restes noch pflichtteilsberechtigt.

Bedingt durch den insoweit wenig aufschlussreichen Gesetzeswortlaut herrscht Streit darüber, mit welchem Betrag der pflichtteilsberechtigte Vermächtnisnehmer für Pflichtteilsansprüche Dritter haftet, wird er mit einem Vermächtnis bedacht, das den Wert seines Pflichtteilsanspruches übersteigt. Hierzu bildet Frank[38] folgendes

> Bsp. 4: Der Erblasser hinterlässt zwei Söhne (S1 und S2). Zum Alleinerben bestimmt er seinen Freund F, zugunsten des S1 setzt er bei einem Nachlasswert von 30.000,-- € ein Vermächtnis von 9.000,-- € aus.

---

[38] MüKo-Frank, § 2318 Rdnr. 5.

Frank zufolge bieten sich zwei Lösungen an, den S1 an der von dem Erben zu tragenden Pflichtteilslast zu beteiligen.

Lösung 1:

Zunächst wird der Kürzungsbetrag nach der Berechnungsformel zu § 2318 Abs. 1 ermittelt:

KB = Vermächtnis x Pflichtteilslast
       Nachlasswert

KB = 9.000,-- € x 7.500,-- €
         30.000,-- €

KB = 2.250,-- €, mithin hätte S1 einredefrei nur (9.000,-- € ./ 2.250,-- €) 6.750,-- € zu beanspruchen.

Dem steht allerdings § 2318 Abs. 2 entgegen, eine Kürzung unterhalb des fiktiven Pflichtteils ist nicht statthaft. Deshalb kann S1 hierauf verweisen. Der Erbe kann ihm nur soviel von seinem Vermächtnis kürzen, dass ihm sein Pflichtteil verbleibt, gekürzt werden kann also nur um 1.500,-- €.

Lösung 2:

Nach G r e i f f ist nur der den Pflichtteil überschießende Vermächtnisbetrag kürzungsfähig, das heißt also, nur dieser Betrag darf in die Formel zur Ermittlung des Kürzungsbetrages eingesetzt werden[39]. Diesen Gedanken aufgreifend, entwickelt F r a n k eine weitere Lösungsvariante, der er jedoch selbst kritisch gegenübersteht.

Von dem Vermächtnis in Höhe von 9.000,-- € will er den durch § 2318 Abs. 2 garantierten Pflichtteil absetzen, so dass noch 1.500,-- € bleiben. Die Pflichtteilslast soll nach diesem Zwischenschritt zwischen F und S1 im Verhältnis 28.500,-- € : 1.500,-- € = 19 : 1 verteilt werden. Danach müsse

---

[39] Planck-Greiff, § 2318 Anm. 3, ähnlich, wenn auch ohne Begründung Kerscher/Riedel/Lenz, Pflichtteilsrecht in der anwaltlichen Praxis, § 6 Rdnr. 108. In der dort gebildeten Variante des Kollisionsfalles zwischen § 2318 Abs. 1 und Abs. 2 wird die Vermächtnisforderung des Pflichtteilsberechtigten ebenfalls in den nicht der Kürzung unterliegenden Pflichtteil und die den Pflichtteil überschießende Forderung aufgeteilt.

S1 von dem Mehrbetrag von 1.500,-- € lediglich 1/20, also 75,-- € preisgeben[40].

Ungeachtet der hier vorgenommenen Einordnung des Begriffes der Pflichtteilslast geht die überwiegende Ansicht in der Literatur den Schritt nicht mit, nur den die Pflichtteilsforderung überschießenden Betrag der Kürzung zu unterlegen. Einerseits begründet F r a n k[41] dies damit, § 2318 Abs. 2 solle nichts an der vorgegebenen Berechnungsart (Ansetzen des Vermächtnisses zum vollen Wert) ändern, sondern lediglich den Pflichtteilsanspruch des Vermächtnisnehmers sicherstellen. Überdies bezwecke § 2318 Abs. 2 nicht, dem Pflichtteilsberechtigten einen zusätzlichen Anteil an dem überschießenden Vermächtnis zu sichern[42]. Ebenroth/Fuhrmann[43] ergänzen, verführe man in der von Greiff vorgeschlagenen Weise, erhalte der pflichtteilsberechtigte Vermächtnisnehmer wider den Gesetzeswortlaut stets mehr als seinen Pflichtteil. P e s t a s c h o w s k y[44] wandte zudem ein, dass dann auch der Erwerb des Erben insoweit außer Ansatz bleiben müsse, als er nur seinen Pflichtteil decke.

Stellungnahme:

Zuzugeben ist der herrschenden Auffassung, dass sie sich näher am Wortlaut des § 2318 Abs. 1 ausrichtet, da hier hinsichtlich des maßgeblichen Betrages der Vermächtnisforderung nicht zwischen pflichtteilsberechtigtem und nicht pflichtteilsberechtigtem Vermächtnisnehmer unterschieden wird. Ob sich diese am Wortlaut orientierte Auslegung allerdings halten lässt, wenn man den vom Erblasser verfolgten Zweck mit einem über dem fiktiven Pflichtteil liegenden Vermächtnis in die Betrachtung einbezieht, ist mehr als fraglich. Zwar wandte P e s t a s c h o w s k y zurecht ein, für die Berechnung der Pflichtteilslast sei grundsätzlich das zugrunde zu legen, was jeder aus der Erbschaft erhalte[45]. Er verkannte allerdings, dass § 2318 Abs. 2 schon eine

---

[40] MüKo-Frank, § 2318 Rdnr. 5.
[41] MüKo-Frank, § 2318 Rdnr. 5 unter Berufung auf Kipp-Coing, Erbrecht, § 12 II 2 c und Lange-Kuchinke, Erbrecht, § 37 IX 2.
[42] Staudinger/Haas, § 2318 Rdnr. 18.
[43] Ebenroth/Fuhrmann, Konkurrenzen zwischen Vermächtnis- und Pflichtteilsansprüchen bei erbvertraglicher Unternehmensnachfolge, BB 1989, 2049 (2055) Fn 60.
[44] Pestaschowsky, Die Pflichtteilslast nach dem BGB, S. 9.
[45] Pestaschowsky, Die Pflichtteilslast nach dem BGB, S. 9.

Spezialvorschrift ist und der Wortlaut der Norm auch im Sinne der von Greiff bevorzugten Lösung ausgelegt werden kann.

Abgesehen von der im Vergleich zum Pflichtteilsanspruch längeren Verjährung (§ 197 Abs. Nr. 2) erfährt der Vermächtnisnehmer nur in Höhe des den Pflichtteil überschießenden Betrages eine Begünstigung. Was den Pflichtteilsanspruch anbelangt, so findet sich dieser als unentziehbarer Kern der Vermächtnisforderung wieder. Wirklich begünstigen kann der Erblasser den pflichtteilsberechtigten Vermächtnisnehmer bezüglich des Pflichtteilsanspruches daher nicht, da diesem ein Anspruch in dieser Höhe kraft des zwingenden Pflichtteilsrechts ohnehin zukommt.

Legt man die überwiegende Literaturmeinung zugrunde, wäre es überdies unter Beachtung der betraglichen Vorgaben des Beispielsfalles gleichgültig, ob der Erblasser dem Vermächtnisnehmer

- weniger als 7.500,-- € oder
- zwischen 7.500,-- € und 10.000,-- €

zukommen lässt.

In allen diesen denkbaren Varianten hat der pflichtteilsberechtigte Vermächtnisnehmer einredefrei nur einen Anspruch in Höhe seiner Pflichtteilsforderung, sei es als Vermächtnisanspruch oder aber als Kombination aus Vermächtnis und Restpflichtteil. Dies liegt daran, dass die verhältnismäßige Beteiligung an der Pflichtteilslast stets den Betrag überschreitet, der ihm wegen der Schranke des § 2318 Abs. 2 absolut entgegengehalten werden kann.

Anders verhält es sich erst, wenn die Vermächtnisforderung 10.000,-- € übersteigt. Hier liegt es so, dass seine nach § 2318 Abs. 1 ermittelte Beteiligung an der Pflichtteilslast geringer ausfällt als die Differenz zwischen Vermächtnisforderung und fiktivem Pflichtteil. Erst ab einer Vermächtnisforderung, welche 10.000,-- € übersteigt, hätte der Pflichtteilsberechtigte demnach Vorteile von der Vermächtniszuwendung. Schon diese Beliebigkeit, die der Erblasser bei Anordnung eines Vermächtnisses walten lassen kann, ohne dass dies ergebnisrelevant wäre, lässt Zweifel an dem von der Literatur vorgeschlagenem Weg aufkeimen.

Der als Lösung 2 vorgestellte Berechnungsweg Franks ermittelt zwar ein Beteiligungsverhältnis, unterlässt es aber, dieses auf eine Bezugsgröße, nämlich die Pflichtteilslast, anzuwenden. Damit vermag der Ansatz nicht zu gewährleisten, den überschießenden Betrag für die zu bewältigende Pflichtteilslast anteilig haften zu lassen. Folgerichtig wäre es vielmehr, dass S1 nicht 1/20 seiner den Pflichtteil überschießenden Beteiligung preisgeben müsste, sondern 1/20 der Pflichtteilslast zu tragen hätte.

Da S1 in Höhe seines Pflichtteils durch § 2318 Abs. 2 geschützt ist, muss er es sich auch konsequenterweise gefallen lassen, dass sein fiktiver Pflichtteil in die Berechnung einfließt.

$$KB = \frac{1.500,-- € \times 15.000,-- €}{30.000,-- €}$$

$$KB = 750,-- €$$

Gewährleistet wäre durch die hier vertretene Auffassung zudem, den in § 2318 Abs. 1 wurzelnden Gedanken auch bei einem pflichtteilsberechtigten Vermächtnisnehmer für den Teil seiner wirklichen Begünstigung anzuwenden. Zu beachten ist zusätzlich, dass § 2318 Abs. 2 nur eine das Pflichtteilsrecht des Vermächtnisnehmers schützende Ausnahme vom Grundsatz des § 2318 Abs. 1 statuiert. Dem Erben wird das Recht, den pflichtteilsberechtigten Vermächtnisnehmer an der Pflichtteilslast verhältnismäßig zu beteiligen, durch § 2318 Abs. 2 nicht abgeschnitten. Als Bezugsgröße hierfür dient jedoch die den fiktiven Pflichtteil Vermächtnisnehmers überschießende Forderung. Der von E b e n r o t h / F u h r m a n n vorgebrachte Einwand, auf diese Weise erhalte der pflichtteilsberechtigte Vermächtnisnehmer stets mehr als seinen Pflichtteil, geht fehl, da er zum einen die Fälle, in denen das Vermächtnis gleich oder unterhalb des Pflichtteils liegt, nicht berücksichtigt und zum anderen dem § 2318 Abs. 2 nicht die Aussage entnommen werden kann, der pflichtteilsberechtigte Vermächtnisnehmer dürfe in den vorgenannten Fällen anderer Pflichtteilslasten wegen nicht mehr als seinen Pflichtteil erhalten.

3. Der „Ausfall" im Kollisionsfall zwischen dem pflichtteilsberechtigten und dem nicht pflichtteilsberechtigten Vermächtnisnehmer

Folgenden Kollisionsfall zwischen § 2318 Abs. 1 und 2 führte der Gesetzgeber ebenfalls nicht einer besonderen Regelung zu:

> Bsp. 5 nach Ebenroth/Fuhrmann in BB 1989, S. 2049 (2058): Der verwitwete Erblasser E hinterlässt 2 Söhne A und B. Diese enterbt er, setzt jedoch zugunsten des A ein Vermächtnis in Höhe von 30.000,-- € aus. Der Familienfremde D wird Erbe. Der Familienfremde V wird mit einem Vermächtnis von 10.000,-- € bedacht. Der Nachlasswert beträgt 100.000,--€.

Zunächst ermittelt die h.M.[46] hier den Kürzungsbetrag beider Vermächtnisnehmer nach der Grundformel zu § 2318 Abs. 1.

$$KB = \frac{40.000,-- € \times 25.000,-- €}{100.000,-- €}$$

$$KB = 10.000,--€$$

Dieser Gesamtkürzungsbetrag wird nun im Verhältnis der ausgelobten Vermächtnisse (3:1) auf A und V verteilt. A hätte mithin 7.500,-- €, V hätte 2.500,-- € zu tragen. 7.500,-- € kann der Erbe dem pflichtteilsberechtigten A indes nicht abziehen, da ihm dies § 2318 Abs. 2 untersagt. Aufgrund dieser zwingenden Norm darf der Erbe nach insoweit h.M.[47] dem pflichtteilsberechtigten A das Vermächtnis nur um 5.000,--€ (Vermächtnis 30.000,--€ ./. Pflichtteil 25.000,--€) kürzen. Gestritten wird nun darüber, wer die verbleibenden 2.500,-- € des Gesamtkürzungsbetrages tragen soll. Letztlich werden hierfür drei Lösungen in Erwägung gezogen.

Es ist zwar denkbar, den aufgrund des § 2318 Abs. 2 entstandenen „Ausfall" vollkommen auf den nicht pflichtteilsberechtigten Vermächtnisnehmer abzuwälzen. Dem steht aber bereits entgegen, dass der Vermächtnisnehmer grundsätzlich nur anteilig an der Pflichtteilslast zu beteiligen ist.

---

[46] Soergel-Dieckmann, § 2318 Rdnr. 10; Staudinger-Haas, § 2318 Rdnr. 19.
[47] Siehe oben S. 26 ff.

Herrschend ist in der Literatur[48] die Auffassung, den Ausfall zwischen den übrigen Nachlassbeteiligten aufzuschlüsseln. Um für die Verteilung entsprechende Bezugsgrößen zu ermitteln, werden an den Pflichtteilsberechtigten auszukehrendes Vermächtnis und auszukehrender Pflichtteil vom Nachlasswert abgezogen, um auf diese Weise einen sogenannten bereinigten Nachlass zu ermitteln. Auf diesen bereinigten Nachlass wird teils das Beteiligungsverhältnis am bereinigten Nachlass als Maßstab angewandt[49], teils wird das Beteiligungsverhältnis am Nachlass zugrundegelegt, das sich nach der ersten Kürzungsmöglichkeit ergibt[50]. Festgemacht wird diese Vorgehensweise jeweils an dem Wort „verhältnismäßig" in § 2318 Abs. 1, aus dem geschlossen wird, der Erbe könne sich infolge der für ihn eintretenden Erhöhung der Pflichtteilslast[51] an den anderen ihm auferlegten Vermächtnissen schadlos halten.

Zurecht wiesen Ferid-Cieslar[52] darauf hin, dass hier ein Rechenwerk präsentiert werde, welches im Gesetz schlicht keine Stütze finde. Insbesondere bietet § 2318 Abs. 2 keine Grundlage dafür, den Erben dem nicht pflichtteilsberechtigten Vermächtnisnehmer gegenüber insoweit zu bevorzugen. Mit Kipp-Coing[53] beließen Ferid-Cieslar es bei den Kürzungsmöglichkeiten der Abs. 2 und 3 des § 2318 und gestatteten es dem Erben nicht, Kürzungen, die der Erbe dem pflichtteilsberechtigten Vermächtnisnehmer gegenüber nicht anwenden kann, auf andere Vermächtnisnehmer abzuwälzen.

Stellungnahme:

Allen vorgenannten Auffassungen dürfte gemein sein, dass sie das dem pflichtteilsberechtigten Vermächtnisnehmer gegenüber bestehende eingeschränkte Kürzungsrecht als Ausfall für den Erben einordnen, der nach Kompensation verlangt. Insbesondere die herrschende Auffassung in

---

[48] AK-Däubler, § 2318 Rdnr. 15; Müko-Frank, § 2318 Rdnr. 6; RGRK-Johannsen, § 2318 Rdnr. 7.
[49] AK-Däubler, § 2318 Rdnr. 15.
[50] Soergel-Dieckmann, § 2318 Rdnr. 10.
[51] Hiermit gesteht auch die h.M. zu, dass unter Pflichtteilslast auch die Ansprüche pflichtteilsberechtigter Vermächtnisnehmer zu subsumieren sein können, denen sich der Erbe eben nicht entziehen kann. Verborgen im Tatbestandsmerkmal „verhältnismäßig" ist dies der Betrag der Pflichtteilslast, der für die Kürzungseinrede des § 2318 Abs. 1 maßgebend sein soll.
[52] Staudinger-Ferid-Cieslar, 12. Auflage, § 2318, Rdnr. 28.
[53] Kipp-Coing, Erbrecht, § 12 II 2 c.

der Literatur scheint händeringend nach einem Regress zu suchen, um diese den Erben treffende, vermeintlich zusätzliche Last zu mildern. Mangels besonderer Ausgleichsvorschriften zwischen Erben und nicht pflichtteilsberechtigtem Vermächtnisnehmer flüchtet sie sich für diesen Kollisionsfall ohne gesetzlich greifbaren Anknüpfungspunkt in Billigkeitserwägungen, die dadurch fundiert werden sollen, dass vermeintlich plausible Rechengrößen einen „gerechten" Verteilungsmaßstab suggerieren. Aus welchem Grunde es überhaupt notwendig sein soll, dem nicht pflichtteilsberechtigten Vermächtnisnehmer aus dem Umstand heraus, dass es neben ihm einen pflichtteilsberechtigten Vermächtnisnehmer gibt, mehrfach das Kürzungsrecht des § 2318 Abs. 1 entgegenzuhalten, bleibt verborgen. Bislang vermochte es die h.M. allerdings auf diesem Wege, der Frage nach der zutreffenden Auslegung des Begriffes der Pflichtteilslast auszuweichen, indem sie sich über die Hintertür des „verhältnismäßig" in § 2318 Abs. 1 eine zweite Regressmöglichkeit zu schaffen suchte.

All diesen Versuchen dürfte indes nicht zu folgen sein, da es einer gesetzlichen Grundlage hierfür entbehrt. Zur Lösung hinführen sollte wiederum der Grundgedanke, aus dem heraus der Vermächtnisnehmer überhaupt Kürzungen seines Anspruches hinnehmen muss. Bei der Berechnung des Nachlasswertes nach § 2311 ist seine Forderung nicht zu passivieren. Bezweckt werden soll hiermit, eventuelle Pflichtteilsansprüche nicht auszuhöhlen. Vermächtnisnehmer und Erbe sollen sodann nach ihrem Verhältnis am Nachlass die Pflichtteilslast tragen. Zumindest in Höhe seines Pflichtteils ruht in der Vermächtnisforderung des Pflichtteilsberechtigten dessen Pflichtteilsrecht. Schlägt der Vermächtnisnehmer aus, aktualisiert es sich, die Pflichtteilslast verteilt sich nach § 2321. Schlägt er nicht aus, muss der Erbe jedenfalls den Pflichtteil auskehren. Weil sich an der Berechnung des Nachlasswertes nach § 2311 hierdurch nichts ändert und der Pflichtteilsanspruch des pflichtteilsberechtigten Vermächtnisnehmers die Schranke des ihm entgegenzuhaltenden Kürzungsrechtes ist, dürfte es gerechtfertigt sein, den vornehmlich als Berechnungsmaßstab dienenden Begriff der Pflichtteilslast in dem vorbezeichneten Kollisionsfall, wenn also ein pflichtteilsberechtigter Vermächtnisnehmer zu den am Nachlass Beteiligten zählt, so auszulegen, dass auch dessen fiktiver Pflichtteil einzubeziehen ist. Dieser Ansatz vermeidet von vornherein den gedankenreichen und letztlich von Billigkeitserwägungen getragenen Streit, der daher rührt, einen vermeintlichen Ausfall zu verteilen oder zu kompensieren.

Nach der hier vertretenen Auffassung berechnet sich der dem pflichtteilsberechtigten Vermächtnisnehmer entgegenzuhaltende Kürzungsbetrag deshalb wie folgt:

$$KB = \frac{(\text{Vermächtnis ./. Pflichtteil}) \times \text{Pflichtteilsansprüche}}{\text{Nachlasswert}}$$

$$KB = \frac{(30.000,-- € ./. 25.000,-- €) \times 50.000,-- €}{100.000,-- €}$$

$$KB = 2.500,-- €$$

Der pflichtteilsberechtigte Vermächtnisnehmer A erhält 27.500,-- €. Dass er dabei nach hier vertretener Auffassung letztlich die Kürzung seines Vermächtnisses auch wegen eines Pflichtteils hinzunehmen hat, der ihm selbst zusteht, liegt daran, dass der Gesetzgeber säuberlich zwischen Aussen- und Innenverhältnis trennt. Der Erbe ist im Aussenverhältnis Vermächtnisnehmer und Pflichtteilsberechtigtem verpflichtet. Dem Pflichtteilsberechtigten kann er wegen dessen oder anderer Pflichtteilsansprüche grundsätzlich keine Kürzungen entgegenhalten. Erst im Innenverhältnis zum Vermächtnisnehmer kann er schauen, in welcher Höhe das Gesetz oder eine abweichende testamentarische Anordnung es ihm gestatten, diese Last teilweise an den Vermächtnisnehmer weiter zu reichen. Fallen (fiktiver) Pflichtteilsanspruch und Vermächtnisanspruch in einer Person zusammen, besteht kein Anlass, von dieser grundsätzlichen Vorgehensweise abzuweichen.

Für den Kürzungsbetrag des nicht pflichtteilsberechtigten V gilt:

$$KB = \frac{\text{Vermächtnis} \times \text{Pflichtteilslast}}{\text{Nachlass}}$$

$$KB = \frac{10.000,-- € \times 50.000,-- €}{100.000,-- €}$$

$$KB = 5.000,-- €$$

Insgesamt beläuft sich der Kürzungsbetrag damit auf 7.500,-- €. Ein im Verhältnis Erbe – nicht pflichtteilsberechtigter Vermächtnisnehmer zu kompensierender Ausfall, wie ihn die Literatur sieht, läuft nicht auf. Dass dieses Ergebnis vorzugswürdig ist, belegt zudem die anderenfalls zutreffende Ansicht der Literatur[54], die Anordnung eines überschießenden Vermächtnisses an den Pflichtteilsberechtigten sei überflüssig, wenn ihm eine Beteiligung an Pflichtteilsansprüchen Dritter entgegengehalten werden könne, die ihn auf den rechnerischen Wert seines Pflichtteils zurückstufe. Ein solches Ergebnis stimmte nachdenklich. Schlösse man sich nämlich der insoweit herrschenden Auffassung an, leugnete man womöglich den Willen des Erblassers, einem Pflichtteilsberechtigten einen über den Pflichtteil hinausgehenden Vermögenswert zukommen zu lassen. Der insofern eindeutig formulierte Erblasserwille käme nicht zur Geltung. Tragfähig scheint dies auch in diesem Kollisionsfall nicht, denn die h.M. vermag sich nicht auf ein inhaltliches Argument zu stützen. Auch sie verkennt nämlich nicht, dass § 2318 Abs. 2 i.V.m. § 2307 Abs. 1 den Pflichtteilsanspruch des pflichtteilsberechtigten Vermächtnisnehmers schützen und sichern soll. Richtigerweise folgert sie weiterhin, dass der Zweck des § 2318 Abs. 2 nicht darin liege, das Vermächtnis bzw. den überschießenden Teil des Vermächtnisses zu sichern. Dies zwingt jedoch nicht zu der Schlussfolgerung, dass dieser überschießende Teil gänzlich dazu herangezogen werden kann, die Pflichtteilslast zu tragen. Denn das Prinzip, Vermächtnisse nur verhältnismäßig zum Tragen der Pflichtteilslast heranzuziehen, wird durch § 2318 Abs. 2 nicht durchbrochen. Dazu besteht dem Erben gegenüber kein Anlass, da dieser bei Annahme der Erbschaft erstens von seinen Belastungen weiß und zweitens keinen weiteren Schutz verdient als den, den ihm schon § 2318 Abs. 3 gewährt. Dem pflichtteilsberechtigten Vermächtnisnehmer gegenüber besteht erst recht keine Veranlassung, aus einer ihn schützenden Norm Schlüsse zu ziehen, die dem Erben zustatten kommen. Richtig ist zwar, dass die rechtliche Stellung des Vermächtnisnehmers nicht der des Pflichtteilsberechtigten entspricht und dessen Forderung im Nachlassinsolvenzverfahren nachrangig ist. Dies gilt allerdings der Wertung des § 327 Abs. 2 Satz 1 InsO gehorchend nicht für eine Vermächtnisforderung eines Pflichtteilsberechtigten, die dessen Pflichtteilsanspruch nicht übersteigt.

Obschon dem Willen des Erblassers im Erbrecht in besonderer Weise zur Geltung zu verhelfen sein soll[55], läuft das von der h.M. geschaffene Problem des Ausfalls letztlich darauf hinaus, den Erblasserwillen in entscheidender Weise nicht nur zu ignorieren, sondern sogar zu vereiteln. Mit der Aussetzung eines Vermächtnisses, welches wertmäßig höher als der Wert einer Pflichtteilsforderung liegt, bringt der Erblasser unmissverständlich zum Ausdruck, diesen Pflichtteilsberechtigten

---

[54] Soergel-Dieckmann, § 2318 Rdnr. 11.
[55] Siehe oben S. 1 f.

gegenüber einem anderen zurückgestuften Pflichtteilsberechtigten zu begünstigen. Diese Entscheidung des Erblassers darf bei der Auslegung nicht außer acht gelassen werden.

4. Anwendung des § 2318 Abs. 2 trotz Erbverzichts

Auf eine weitere Auslegungsschwierigkeit im Rahmen des § 2318 Abs. 2 weisen Ebenroth/Fuhrmann[56] hin. Sie machen auf die Folgen aufmerksam, die sich aus einer Gemengelage zwischen Erb-/Pflichtteilsverzicht und Auslobung eines Vermächtnisses an den Verzichtenden ergeben können. Folgender Sachverhalt illustriert, auf welcher Ebene das Problem anzusiedeln ist:

> Bsp. 6: Unternehmer U hat drei Söhne A, B und C, die allesamt am Geschäft ihres Vaters nicht interessiert sind. Um dennoch den Bestand des Unternehmens zu sichern, will U den führenden Mitarbeiter D zum Alleinerben einsetzen. Damit dieser im Erbfall nicht mit Pflichtteilsansprüchen konfrontiert wird, schließt U mit A und B Erbverzichtsverträge. Das Unternehmen hat bei Vertragsschluss einen Wert von 10.000.000,-- €. Hinzu kommt ein Haus des U im Wert von 2.000.000,-- €. A lässt sich in Höhe von 2.000.000,-- € bar abfinden. B bekommt das Haus vermacht. Mit dem C kommt eine Vereinbarung nicht zustande bzw. erweist sich im Nachhinein als nichtig. Bei Eintritt des Erbfalles hat das Haus einen Wert von 3.000.000,-- €, das Unternehmen hingegen nur noch einen Wert von 7.000.000,-- €. Vom Erben D verlangt C nunmehr seinen Pflichtteil, B die Übertragung des Hauses.

Lassen wir außer acht, dass die Unternehmensnachfolge auf diese Weise mit der kaum tragbaren Hypothek des Pflichtteilsanspruches des C belastet ist, und wenden uns allein der in diesem Rahmen problematischen Auslegung des § 2318 Abs. 2 zu. B verlangt die Übertragung des Hauses als Forderung aus Vermächtnis. § 2346 Abs. 1 ordnet an, dass sich der Erbverzicht vorbehaltlich einer anderen Bestimmung dahingehend auswirkt, dass der Verzichtende kein Pflichtteilsrecht mehr hat. Die Beschränkung des Kürzungsrechts nach § 2318 Abs. 2 läuft dem Wortlaut nach leer, da der Vermächtnisnehmer B nicht mehr pflichtteilsberechtigt ist, der Anwendungsbereich des § 2318 Abs. 2 scheint somit verschlossen.

---

[56] Ebenroth/Fuhrmann, (Fn 43), BB 1989, 2049 (2056).

Erbe D beruft sich deswegen bei seiner Inanspruchnahme durch den B auf sein Kürzungsrecht aus § 2318 Abs. 1. Nach der bereits bekannten Grundformel kürzt D das Vermächtnis:

$$KB = \frac{Vermächtnis\ (3.000.000,-- €)\ x\ Pflichtteil\ (5.000.000,-- €)}{10.000.000,-- €}$$

$$KB = 1.500.000,-- €$$

B bleiben noch 1.500.000,-- €. Wäre er noch pflichtteilsberechtigt, gebührte ihm, da A nach § 2310 S. 2 nicht mehr mitzuzählen ist, neben dem C noch ein Pflichtteil in Höhe von 2.500.000,-- €. Fraglich ist, ob dieses dem Gesetzeswortlaut gehorchende Kürzungsrecht gerechtfertigt ist, denn bei Erbverzicht und Vermächtnisanordnung waren Erblasser, aber auch Vermächtnisnehmer davon ausgegangen, dass diesem das Vermächtnis ungeschmälert zugute kommt. Im Ergebnis liegt er mit seiner Beteiligung am Nachlasses unterhalb des Betrages, der ihm bei Auslobung des Vermächtnisses zugedacht war. Zurückgesetzt wird sich der Vermächtnisnehmer B besonders gegenüber A fühlen, denn seinerzeit sollten beide wertmäßig einen gleich hohen Anteil am Vermögen des künftigen Erblassers erhalten. Diesen mag möglicherweise nur der Umstand bewogen haben, das Haus deshalb nicht sogleich auf den B zu übertragen, um es selbst noch uneingeschränkt nutzen zu können. Diese nur in den Motiven des Erblassers begründete unterschiedliche Gestaltung führt indes dazu, dass der Erwerb des A beständig ist und keinen Einschränkungen unterliegt. Grund dafür ist, dass nach h.M.[57] auf den Abfindungsempfänger nicht gemäß § 2329 im Wege des Pflichtteilsergänzungsanspruches zurückgegriffen werden kann, da die Zuwendung nicht als unentgeltlich eingestuft wird, während sich B auf der anderen Seite eine Kürzung aufgrund des § 2318 Abs. 1 gefallen lassen soll. Um dieser vermeintlichen Ungerechtigkeit zu begegnen, werden verschiedene Lösungsansätze diskutiert. Hinsichtlich aller ist vorweg zu sagen, dass § 2318 Abs. 2 aufgrund des Umstandes, dass B nicht mehr pflichtteilsberechtigt ist, nicht direkt angewendet werden kann, um dem B zumindest seinen (gedachten) Pflichtteil zu belassen.

---

[57] Erman-Schlüter, § 2325 Rdnr. 14; Soergel-Dieckmann, § 2325 Rdnr. 3; Coing, Grundlagenirrtum bei vorweggenommener Erbfolge, NJW 1967, 1777 (1778), a.A. Speckmann, Der Erbverzicht als „Gegenleistung" in Abfindungsverträgen, NJW 1970, 117 (121).

Ebenroth/Fuhrmann[58] erwägen kurz, ob diese Konstellation über eine analoge Anwendung des § 2318 Abs. 2 einer Lösung zugeführt werden kann. Danach müsse der auf das Pflichtteilsrecht verzichtende Vermächtnisnehmer wegen des Verzichts, der sich für ihn als einschneidende Beschränkung seiner wirtschaftlichen Lage darstelle, so behandelt werden, als sei er noch pflichtteilsberechtigter Vermächtnisnehmer. Folglich sei eine Kürzung äußerstenfalls bis zur Höhe des Pflichtteilswertes im Erbfall zulässig. Einen derartigen Gedanken verwerfen Ebenroth/Fuhrmann indes zurecht sofort. Schon methodisch dürfte es an der Möglichkeit fehlen, § 2318 Abs. 2 auf diesen Fall analog anzuwenden, weil die dafür notwendige Regelungslücke nicht besteht. Der Gesetzgeber brachte nämlich über §§ 2346 Abs. 1 S. 2 und 2310 S. 2 abschließend zum Ausdruck, denjenigen gänzlich aus der erbrechtlichen Abwicklung herauszunehmen, der auf sein Erbrecht und dazu auch auf sein Pflichtteilsrecht verzichtet. Weiteres Indiz für einen dahingehenden Willen des Gesetzgebers ist die Einordnung des Erbverzichts als Rechtsgeschäft unter Lebenden. Noch zu Lebzeiten des Erblassers bekundet der Verzichtende, aus dem erbrechtlichen Gefüge mit allen damit verbunden Konsequenzen auszuscheiden. Bindet sich der Verzichtende derart, setzte er sich zu seinem früheren Verhalten in Widerspruch, reklamierte er aufgrund wirtschaftlicher Veränderungen im Nachlass nunmehr den Schutz des § 2318 Abs. 2 für sich.

Um dem Verzichtenden dennoch aus seinem vermeintlichen Dilemma zu helfen, das durch die Wertverschiebungen im Nachlass und seinen Erbverzicht verursacht wird, bemühen sich Ebenroth/Fuhrmann, den zwischen Erblasser und Verzichtendem geschlossenen Vertrag dahingehend auszulegen, als habe der Verzichtende nur partiell verzichtet[59]. Danach soll derjenige Pflichtteilsberechtigte, der nur deswegen auf seinen Pflichtteil verzichtet, weil ihm ein erbvertragliches Vermächtnis ausgesetzt wird, nicht umfassend auf sein Pflichtteilsrecht verzichten, sondern nur bis zu dem Betrag, der dem Wert des Vermächtnisses im Zeitpunkt des Erbfalles entspricht. Mit dieser von Ebenroth/Fuhrmann als Fiktion eines partiellen Erbverzichts bezeichneten Auslegung des Erbverzichtvertrages soll der anderenfalls über § 2346 Abs. 1 S. 2 eintretende Verlust des Pflichtteilsrechts zugunsten des Vermächtnisnehmers kompensiert werden.

---

[58] Ebenroth/Fuhrmann, (Fn 43), BB 1989, 2049 (2056).
[59] Ebenroth/Fuhrmann, (Fn 43), BB 1989, 2049 (2056 f.) mit weiteren Nachweisen.

Stellungnahme:

Für den Fall, dass der Erblasser diese missliche Situation nicht bedacht und keine entsprechend eindeutige Regelung getroffen hat, bleibt dem Verzichtenden im Streitfall mit dem Erben kaum eine andere Strategie, als Testament und Erbverzichtsvertrag in einer über Gesetz und Wortlaut hinausgehenden Weise für seine Zwecke auszulegen. Durchzudringen vermag er mit dieser Argumentation allerdings kaum. Folgende Erwägungen stehen dem entgegen.

Zunächst verträgt sich eine derartige Fiktion nicht mit dem Sinn und Zweck des § 2346 Abs. 1, der hier für klare Verhältnisse sorgen will und unter anderem auch deshalb das Erfordernis notarieller Beurkundung verlangt. Über die Annahme einer solchen Fiktion käme zudem der Schutz, den § 2318 Abs. 2 dem pflichtteilsberechtigen Vermächtnisnehmer mittelt, dem Verzichtenden wieder zugute. Hätte der Gesetzgeber gewollt, dass sich der pflichtteilsberechtigte Vermächtnisnehmer durch Rechtsgeschäft unter Lebenden des vom Erblasser allein nicht abdingbaren Schutzes des § 2318 Abs. 2 nicht begeben kann, hätte er den Verfügungsmöglichkeiten des Pflichtteilsberechtigten über seinen künftigen Pflichtteil zu Lebzeiten des Erblassers Grenzen gezogen. Genau dies wollte der Gesetzgeber nicht, wie §§ 311 b Abs. 5 und 2346 belegen.

Sofern der Gesetzgeber sodann die Absicht gehabt hätte, dem Erben gegenüber einem ehedem Pflichtteilsberechtigten nur ein im Vergleich zu § 2318 Abs. 1 eingeschränktes, nämlich durch § 2318 Abs. 2 begrenztes Kürzungsrecht zu gewähren, hätte es einer entsprechenden gesetzlichen Anordnung bedurft. Eine solche Regelung besteht jedoch nicht. Dies darf indes keinesfalls als zu korrigierendes Versäumnis gewertet werden, sondern als Entscheidung dafür, der auf diesem Gebiet des Erbrechts herrschenden Privatautonomie gesetzliche Schranken nicht ziehen zu wollen und den Verzichtenden mithin die Risiken seiner Erklärung selbst tragen zu lassen. Dies rechtfertigt auch § 2348, wonach der Erbverzicht, aber auch der bloße Pflichtteilsverzicht[60] notarieller Beurkundung bedarf. Der Verzichtende soll also über die mit dem Verzicht verbundenen Folgen belehrt werden.

Zudem wird der Rechtssicherheit kein Dienst erwiesen, wenn der Verzicht eines Pflichtteilsberechtigten, dem im Gegenzug ein Vermögensgegenstand vermächtnisweise zugewendet wird, nur als partieller Verzicht ausgelegt

---

[60] Soergel-Damrau, § 2348 Rdnr. 4.

wird. Während Ebenroth/Fuhrmann nur von der Warte des Verzichtenden aus argumentieren und dessen (vermeintliche) Schutzbedürftigkeit in den Vordergrund rücken, lassen sie außer acht, dass auch die Rechtsstellung Dritter von der Auslegung eines solchen Vertrages abhängen kann. Insofern sei nur auf § 2310 S. 2 hingewiesen. Kann sich danach der Erbe auf die Position zurückziehen, der Verzichtende habe nur partiell verzichtet und sei noch mitzuzählen ? Hier wird ausschweifender Argumentation ohne Not Tür und Tor geöffnet. Das ist nicht erforderlich, da es der Verzichtende in der notariellen Verhandlung selbst in der Hand hat, für den Schutz seiner Interessen zu sorgen.

Darüber hinaus verkennt der Ansatz von Ebenroth/Fuhrmann, dass mit der Fiktion eines partiellen Erbverzichts nicht nur das Rechtsgeschäft zwischen Erblasser und Verzichtendem ausgelegt, sondern auch in das Kürzungsrecht des Erben aus § 2318 Abs. 1 eingegriffen wird. § 2324 bestimmt hingegen, dass eine von § 2318 Abs. 1 abweichende Anordnung nur mittels Verfügung von Todes wegen getroffen werden kann. Es ist demnach nicht ausreichend, den Erbverzicht als Rechtsgeschäft unter Lebenden zu Gunsten des Vermächtnisnehmers auszulegen. Zusätzlich bedarf es noch einer letztwilligen Verfügung, die dem Erben das Kürzungsrecht aus § 2318 Abs. 1 entzieht. Enthält die letztwillige Verfügung keine entsprechende Bestimmung, muss im Wege der Testamentsauslegung geprüft werden, ob sich ein entsprechender Wille des Erblassers feststellen läßt. Dabei ist im Wege der ergänzenden Auslegung der hypothetische Erblasserwille in Gedenk der eingetretenen Wertverschiebungen zu berücksichtigen. Allerdings treten hier gravierende Probleme auf. Zunächst ist fraglich, ob die ergänzende Auslegung insoweit vorgenommen werden darf, als der Gesetzgeber diesen Fall einer dispositiven Regelung (§ 2318 Abs. 1) zugeführt hat. Wenn man sich über diese Klippe mit dem Argument hinüberrettet, diese dispositive Regelung sei im Gegensatz zur dahinterstehenden gesetzgeberischen Wertung nicht interessengerecht und lückenhaft, dürfte eine derart versuchte Einschränkung des Kürzungsrechts letztlich daran scheitern, dass der Erblasserwille nicht formgerecht erklärt wurde. Nach h.M.[61] muss die Auslegung wegen der Formalisierung letztwilliger Verfügungen in derselben einen - unter Umständen sogar nur entfernten – Anhalt finden. Auch der ergänzenden Auslegung werden damit im Ergebnis Schranken gezogen. Da sich weitere Möglichkeiten, dem (vermeintlichen) hypothetischen Erblasserwillen zum Durchbruch zu verhelfen, nicht anbieten, muss der Erblasser eine von § 2318 Abs. 1 abweichende

---

[61] BGHZ 80, 242 (245); 86, 41 (47); Palandt-Heinrichs, § 133 Rdnr. 19.

Anordnung treffen, wenn er den Verzichtenden ob des damit verbundenen Risikos schützen will. Dazu wird es erforderlich sein, sich des Typenzwanges erbrechtlicher Verfügungen zu unterwerfen und die Mittel des § 2324 auszuschöpfen. Mithin bleibt als Ergebnis des Bsp. 6 festzuhalten, dass B die Kürzungseinrede des D in vollem Umfang hinnehmen muss.

In der praktischen Umsetzung besteht in Bsp. 6 noch das Problem, dass B mit seinem Anspruch einen unteilbaren Gegenstand verlangt, der wertmäßig seinen einredefreien Anspruch übersteigt. Hier kann der Erbe D das Haus Zug-um-Zug gegen Zahlung des Kürzungsbetrages übertragen. Lehnt der Vermächtnisnehmer dies ab, ist der Erbe berechtigt, dem Vermächtnisnehmer den Wert des Vermächtnisses unter Abzug des Kürzungsbetrages auszuzahlen[62].

Ein ähnliches Problem taucht im Übrigen auf, wenn sich ein Anteil an einer GmbH im Nachlass befindet. Gesellschaftsrechtlich wird der Erblasser regelmäßig dazu verpflichtet, Sorge dafür zu tragen, dass der Geschäftsanteil nicht an die Erben fällt. Neben anderen Möglichkeiten[63] bietet es sich hier an, die Erben im Wege eines Vermächtnisses dazu zu verpflichten, den Geschäftsanteil an die Gesellschaft zu veräußern. Sollte der Erbe in dieser Situation ausschlagen und dennoch den Pflichtteil verlangen können (§ 2306 Abs. 1 S. 2), greift § 2322[64]. Danach hat der nachrückende Erbe den Pflichtteilsanspruch vorrangig zu erfüllen. Reicht der übrige Nachlass nicht zur Befriedigung aus, ist das Vermächtnis entsprechend zu kürzen. Nach dem gesellschaftsrechtlichen Zweck einer vermächtnisweisen Zuwendung kann dies jedoch nicht derart vonstatten

---

[62] BGHZ 19, 309 (311), a.A. Natter, Anmerkung zu BGHZ 19, 309, JZ 1956, 284 f. , der für den Sonderfall, dass die Bestellung eines Nießbrauchs an einer Anzahl verschiedener Sachen als Gegenstand des Vermächtnisses zugewendet wird, die Erwägung des BGH, anderenfalls seien die Erben genötigt aus ihrem Vermögen den Pflichtteilsanspruch oder das Vermächtnis zu erfüllen, ablehnt. Nach § 1087, 1089 sei der Nießbraucher verpflichtet, dem Besteller die vor der Bestellung entstandenen fälligen Nachlassschulden erforderlich sind. Umfasst von dieser Rückgabepflicht sei auch das im Nachlass vorhandene Geld. Da hiernach der Nießbraucher die zur Befriedigung fälliger Nachlassschulden erforderlichen Gegenstände dem Besteller sofort wieder zurückgeben müßte, kann der Besteller diese Gegenstände von vornherein zurückbehalten und daraus selbst diese Nachlassschulden bereinigen.
[63] Nagler, Die zweckmäßige Nachfolgeregelung im GmbH-Vertrag, S. 51 ff.
[64] Dies verkennt im Übrigen Käppler, Die Steuerung der Gesellschafternachfolge in der Satzung einer GmbH, ZGR 1978, 542 (565), die hier den Anwendungsbereich des § 2318 Abs. 1 eröffnet sieht.

gehen, dass der Geschäftsanteil geteilt wird und der entsprechende Anteil dem pflichtteilsberechtigten Erben verbleibt. Vielmehr kann der nachrückende Erbe vom Vermächtnisnehmer verlangen, gegen Abtretung des Geschäftsanteils den fehlenden Betrag als Ausgleich zu zahlen[65].

5. Der erweiterte Schutz des pflichtteilsberechtigten Erben

Ist der Erbe selbst pflichtteilsberechtigt, erfährt der Grundsatz des § 2318 Abs. 1 eine den Schutz des Erben erweiternde Änderung. Da der Pflichtteil nicht der Verfügungsmacht des Erblassers unterliegen soll, räumt § 2318 Abs. 3 dem Erben das nach § 2324 auf den ersten Blick nicht abdingbare Recht ein, „wegen der Pflichtteilslast" Vermächtnis und Auflage soweit zu kürzen, dass ihm sein Pflichtteil verbleibt. Im Gegensatz zu den vorherigen Absätzen des § 2318 ist von einer verhältnismäßigen Kürzung nicht die Rede. Dieser veränderte gesetzgeberische Ansatz ist folgerichtig, insofern nunmehr nicht der fordernde pflichtteilsberechtigte Vermächtnisnehmer zu schützen ist, sondern der Erbe, der letztlich Vermächtnis und Pflichtteil zu erfüllen hat und seinen eigenen Pflichtteil behalten soll. Auch bei einem Zusammentreffen von Pflichtteilsansprüchen und Vermächtnissen soll ihm zumindest sein eigener Pflichtteil bleiben. In manchen Konstellationen kann es trotz dieser ausgelobten Rechtsfolge dennoch dazu kommen, dass in das Pflichtteilsrecht des Erben eingegriffen wird, denn § 2318 Abs. 3 begrenzt dem Wortlaut nach die Höhe der Kürzungseinrede auf den Betrag der anderen zustehenden Pflichtteilsansprüche.

> Bsp. 7: Der verwitwete Erblasser E hinterlässt seine beiden Söhne A und B. A ist Alleinerbe. Der Familienfremde V erhält ein Vermächtnis in Höhe von 8.000,-- €. Der Nachlasswert beträgt 10.000,-- €.

A muss an B einen Pflichtteil in Höhe von 2.500,-- € auskehren. Nach § 2318 Abs. 1 kann er das Vermächtnis um 2.000,-- € kürzen. Vorläufig erhielte V demnach 6.000,-- € und der pflichtteilsberechtigte Erbe A nur 1.500,-- €.

Nachlasswert: 10.000,-- €
./. Pflichtteil des B: 2.500,-- €

---

[65] Käppler, (Fn 64), ZGR 1978, 542 (565f.), Nagler, Die zweckmäßige Nachfolgeregelung im GmbH-Vertrag, S. 232f.

./. Vermächtnis der V: 6.000,-- €
Differenz: 1.500,-- €

Damit läge A um 1.000,-- € unterhalb seines fiktiven Pflichtteilsanspruches. Weil der Pflichtteilsanspruch als zwingendes Recht schutzwürdiger ist als der Vermächtnisanspruch, gestattet § 2318 Abs. 3 dem pflichtteilsberechtigten Erben, den Vermächtnisnehmer nicht nur anteilig, sondern absolut dazu heranzuziehen, die durch die Enterbung des B begründete Pflichtteilslast zu tragen. Allerdings bildet dieser Betrag (der Pflichtteilsanspruch) nach dem Wortlaut des § 2318 Abs. 3 die Kappungsgrenze, die dem Vermächtnisnehmer entgegengehalten werden kann. Folglich kann der pflichtteilsberechtigte Erbe A im obigen Beispiel das Vermächtnis in Höhe der Pflichtteilsforderung kürzen, so dass dem Vermächtnisnehmer nur 5.500,-- € zustehen. Nach Berichtigung der Nachlassverbindlichkeiten gebühren dem Erben also 2.000,-- €.

Nachlasswert: 10.000,-- €
./. Pflichtteil des B   2.500,-- €
./. Vermächtnis der V   5.500,-- €
Differenz: 2.000,-- €

Das ist immer noch weniger als sein Pflichtteil. In derartigen Konstellationen reicht der Schutz des § 2318 Abs. 3 – so wie er bislang ausgelegt wird[66] – nicht so weit, den Pflichtteil des Erben vor einer Beeinträchtigung zu bewahren.

Irrt der Erbe über diese Rechtsfolgen und ist er der Auffassung, er könne die Erfüllung des Vermächtnisses verweigern, soweit dieses seinen Pflichtteilsanspruch beeinträchtigt, so soll dies nicht zur Anfechtung der Erbschaftsannahme berechtigen, wenn der Erbe die Erbschaft ausdrücklich und bewusst angenommen habe[67]. Insoweit soll kein Anfechtungsgrund bestehen, da die Notwendigkeit der Vermächtniserfüllung auf Kosten des eigenen Pflichtteils keinen Irrtum über den Inhalt der Annahmeerklärung begründe. Hier handele es sich lediglich um einen unbeachtlichen Motivirrtum über Nebenerscheinungen[68].

---

[66] BGHZ 95, 222 (227 f.), AK-Däubler, § 2318 Rdnr. 16 ff., MüKo-Frank, § 2318 Rdnr. 8.
[67] BayObLG ZEV 1998, 431 (432).
[68] BayObLG NJW-RR 1995, 904 (906).

Auch wenn man sich dieser Auslegung des § 2318 Abs. 3 anschlösse, wäre es weit gefehlt anzunehmen, durch eine derartige Testamentsgestaltung könne der Erblasser Teile des Pflichtteilsrechts aushöhlen. Hierzu weisen nämlich Rechtsprechung[69] und Literatur[70] darauf hin, dass sich der Anwendungsbereich des § 2318 Abs. 3 nur im Zusammenhang mit § 2306 erschließe. Greift Abs. 1 S. 1 dieser Vorschrift, gilt das Vermächtnis dem pflichtteilsberechtigten Erben gegenüber als nicht angeordnet. Es wird also fingiert, dass den Erbteil des Pflichtteilsberechtigten belastende Anordnungen nicht getroffen wurden, so dass Ansprüche aus derartigen Anordnungen gegen den pflichtteilsberechtigten Erben nicht bestehen. § 2306 Abs. 1 S. 2 räumt dem pflichtteilsberechtigten Erben hingegen ein Wahlrecht ein, das ihm jedenfalls den Pflichtteil garantiert. Freigestellt ist es dem Erben damit, ob er sich dem Erblasserwillen beugt. Tut er dies, muss er bei entsprechender testamentarischer Anordnung damit rechnen, dass ihm aufgrund der lediglich in Höhe der Pflichtteilslast gewährten Kürzungsbefugnis ein Vermögensbestand verbleibt, der unterhalb seines ihm sonst zustehenden Pflichtteils liegt. Damit wird deutlich, dass § 2318 Abs. 3 dem pflichtteilsberechtigten Erben nach bislang vorgenommener Lesart trotz des Terminus „dass ihm sein eigener Pflichtteil verbleibt" keinen absoluten Schutz des Pflichtteils gewährleistet. Dieses Schutzes hat sich der Erbe begeben, indem er von seinem Recht aus § 2306 Abs. 1 S. 2 keinen Gebrauch machte. Insofern unterliegt der Pflichtteilsanspruch keineswegs der Disposition des Erblassers sondern der des pflichtteilsberechtigten Erben selbst, wenn er diese gesetzliche Möglichkeit verstreichen lässt.

Gegen diese Auslegung hat sich bislang kaum Widerstand gerührt. Einzig D i e c k m a n n[71] schlägt vor, den Pflichtteil des Erben auch in der vorbezeichneten Konstellation zu schützen. Zur Begründung führt er an, dass auf diese Weise der rechtspolitisch fragwürdige § 2306 Abs. 1 S. 2 korrigiert werde, der den Erben in unzulässiger Weise belaste. In besonderer Weise hat v T u h r die Vorschrift angegriffen. Der Erwägung in den Motiven, der Erbe werde, um nicht bei der Ausschlagung etwas zu verlieren, es vorziehen, nicht auszuschlagen und die Vermächtnisse erfüllen, trat er mit dem berechtigten Einwand entgegen, es entspreche

---

[69] BGHZ 95, 222 (227 f.).
[70] AK-Däubler, § 2318 Rdnr. 16 ff.; MüKo-Frank, § 2318 Rdnr. 8; RGRK-Johannsen, § 2318 Rdnr. 8.
[71] Soergel-Dieckmann, § 2319 Rdnr. 2.

kaum der Würde des Gesetzes, ein Recht zu verleihen und dessen Ausübung in heimtückischer Weise zu erschweren[72].

Stellungnahme:

Der bisherige Stand der Diskussion verwundert, da die Rechtsprechung und mit ihr die Literatur bei einem Ergebnis stehen bleiben, welches letztlich die vom Gesetz angeordnete Rechtsfolge des erweiterten Kürzungsrechts, nämlich dass dem Erben sein Pflichtteil verbleibt, schlicht verfehlt. Geschützt werden soll demnach nicht der Pflichtteil, sondern nur ein sogenannter „Pflichtteilskern"[73], welchen man weder nach Wortlaut oder sonstigen Anhaltspunkten näher fassen kann. Markant ist insbesondere der Unterschied zur Schutzbestimmung für den pflichtteilsberechtigten Vermächtnisnehmer. Hier zeigt § 2318 Abs. 2, dass dessen Pflichtteilsanspruch „Kern" der Vermächtnisforderung ist. Kürzungen in diesen Bereich hinein sind nicht statthaft. § 2318 Abs. 3 ordnet zwar als Rechtsfolge ebenso an, dass dem Erben sein Pflichtteil verbleibt, schränkt dies indes wieder ein, indem er die Kürzungsmöglichkeit an die Höhe der Pflichtteilslast knüpft.

Zwar wird man die insoweit herrschende Rechtsprechung für die praktische Rechtsanwendung erst einmal hinnehmen müssen, befriedigend ist sie indes nicht; auch das immer wieder vorgetragene Argument, der Erbe könne doch ausschlagen und sich so zumindest seinen Pflichtteil sichern, übt, wie D i e c k m a n n [74] zurecht feststellt, in unnötiger Weise Druck auf den Erben aus. Die bislang vorherrschende Auffassung, dass die Anfechtung der Annahme in diesen Fällen ausgeschlossen sei, tut ihr Übriges.

Angesichts dieser unbefriedigenden Situation ist zu erwägen, ob die missliche Lage des pflichtteilsberechtigten Erben nicht durch eine an der Rechtsfolge des § 2318 Abs. 3 orientierte Auslegung vermieden werden kann. Schließt man sich nämlich der Argumentation an, der Pflichtteilsanspruch sei letztlich schützenswerter als das Recht eines

---

[72] vTuhr, Die Lehre vom Pflichtteilsrecht nach dem Bürgerlichen Gesetzbuch, DJZ 1901, 121 (123); interessant sind auch die Folgen, die vTuhr beleuchtete, wenn der Erbe ausschlägt und der nachfolgende Erbe mit der Hypothek des § 2322 belastet ist. In aller Regel ist hier auch dem Ersatzerben zu raten, es seinem Vormann gleich zu tun.

[73] Kerscher/Riedel/Lenz, Pflichtteilsrecht in der anwaltlichen Praxis, S. 127 Rdnr. 127.

[74] Soergel-Dieckmann, § 2319 Rdnr. 2.

Vermächtnisnehmers, gerät man in einen Wertungswiderspruch, wenn man das Kürzungsrecht auf die Höhe der effektiv vom Erben zu befriedigenden Pflichtteilsansprüche begrenzt und hierdurch in das Pflichtteilsrecht des Erben eingreift, das § 2318 Abs. 3 ausdrücklich davor schützen will, beeinträchtigt zu werden.

Nicht zutreffend scheint es überdies zu sein, wenn man aus § 2306 Wertungen herleiten will, um ein anders lautendes Ergebnis zu rechtfertigen, denn auch dieser Vorschrift wohnt letztlich der tragende Gedanke inne, den Pflichtteilsberechtigten zu schützen. Nach bisheriger Ansicht hilft es dem Erben nur, wenn § 2306 Abs. 1 S. 2 greift, die Erbschaft auszuschlagen, um sich des Pflichtteils sicher zu sein. Das entspricht zwar dem Gesetz, widerstreitet jedoch dem Grundsatz, dass jeder pflichtteilsberechtigte Erbe die Hälfte seines Erbteils unbelastet verlangen können soll[75].

Zwischenzeitlich hat auch der BGH erkannt, dass der Pflichtteilsberechtigte grundsätzlich davor zu bewahren ist, eine Erklärung abzugeben, um zumindest seinen Pflichtteil zu erhalten. In seiner Entscheidung[76], mit der er die Wirksamkeit einer schlichten Verwirkungsklausel ablehnte, sofern dem Pflichtteilsberechtigten ein Erbteil hinterlassen ist, der die Hälfte des gesetzlichen Erbteils nicht übersteigt, führte er dies aus. Warum derartiges nur auf denjenigen beschränkt sein soll, dem nicht mehr als die Hälfte seines gesetzlichen Erbteils hinterlassen ist, lässt sich kaum begründen. Denn die Argumentation des BGH trägt auch für diesen Fall, wenn er darlegt, dass es nicht richtig sei, ein so wichtiges Institut wie das Pflichtteilsrecht derart zu gestalten, dass das Versäumen einer Anfechtungserklärung (Ausschlagung) eine Schmälerung des Pflichtteils zur Folge habe. Derartige Erklärungen würden zudem von weniger rechtskundigen Personen leicht unterlassen[77].

Durch die bisherige Auslegung des § 2318 Abs. 3 wird der gerade auch von der Rechtsprechung geforderte Schutz des Pflichtteils damit im Falle des pflichtteilsberechtigten Erben bei einem Zusammentreffen von

---

[75] Protokolle VI, S. 354, mit dieser Begründung wurde ein zur heutigen Vorschrift des § 2306 Abs. 1 S.1 gestellter Antrag abgelehnt, wonach bei Einsetzung eines Nacherben, Ernennung eines Testamentsvollstreckers und der Beschränkung des Pflichtteilsberechtigten auf die Nacherbfolge diese Bestimmungen anfechtbar sein sollten.

[76] BGHZ 120, 96 (101).

[77] BGHZ 120, 96 (101).

Vermächtnissen und Pflichtteilslasten unterlaufen. Zudem wird dem pflichtteilsberechtigten Erben mit dem Zwang zur Ausschlagung ohne Grund mehr zugemutet als dem pflichtteilsberechtigten Vermächtnisnehmer, der sich entweder auf § 2318 Abs. 2 oder § 2307 i.Vm. § 2305 verlassen kann, um sich seines Pflichtteils gewiss zu sein. Zur damit in den meisten Fällen nicht gewollten Konsequenz hat dies, dass der pflichtteilsberechtigte Erbe in heiklen Konstellationen eher ausschlagen sollte, um sich jedenfalls seines Pflichtteils sicher zu sein. Zwingend für den Erben ist es hierbei allerdings, vor Abgabe der Ausschlagungserklärung zu prüfen, ob der Anwendungsbereich des § 2306 Abs. 1 S. 1 oder S. 2 eröffnet ist. Für den ersteren Fall wäre die Ausschlagung ein großer Fehler, da die Belastungen der Erbschaft hiernach ohnehin als nicht bestehend fingiert werden und der Erbe somit gänzlich leer liefe[78]. Ob damit dem Willen des Erblassers gerecht geworden ist, der, auch wenn er den Erben mit Vermächtnissen und Pflichtteilsansprüchen belastet, regelmäßig bestimmte Erwartungen an die Person des Erben knüpft, bleibt mehr als fraglich. In Erwägung zu ziehen ist zudem, dass es dem Erblasser bei der Erbeinsetzung regelmäßig darum zu tun ist, dem Erben in Form von Sachwertteilhabe und Verwaltungsrechten mehr als dem bloß kapitalistisch in Form einer Geldforderung am Nachlass beteiligten Pflichtteilsberechtigten zuzuwenden[79]. All diese Motive des Erblassers bleiben bei der bisherigen Auslegung des § 2318 Abs. 3 unbeachtet. Auf diese Vorschrift kann sich der Erbe, wenn der Anwendungsbereich des § 2306 Abs. 1 S. 2 eröffnet ist, also nicht verlassen, wenn er den Schutz seines Pflichtteils erreichen will.

Sofern der Erblasser an diese, für den Erben missliche Situation, nicht gedacht hat, sollte zumindest im Wege ergänzender Testamentsauslegung geprüft werden, ob dem Erben eine über den Betrag des geltend gemachten Pflichtteilsanspruchs hinausgehende Kürzungsmöglichkeit einzuräumen ist. Wenn man sich hierbei an der Rechtsfolge des § 2318 Abs. 3 orientiert und dem Vermächtnisnehmer entgegen der Einschränkung des § 2318 Abs. 3 weitergehende Kürzungen durch den Erben zumutet, erfährt der Vermächtnisnehmer keinen gravierenden Nachteil, weil er bei feststehender anderer Auslegung des § 2318 Abs. 3 ohnehin davon ausgehen muss, dass der belastete Erbe ausschlägt und seinen Pflichtteil verlangt. Dass in solchem Falle auch der Vermächtnisnehmer beeinträchtigt

---

[78] Vgl. Marotzke, Das Wahlrecht des Erben bei ungünstigem Testament, AcP 191, 563 (566 ff.), der insbesondere auch zu den prozessual skurrilen Folgen der Werttheorie im Rahmen des § 2306 Abs. 1 S. 2 Stellung bezieht.
[79] Vgl. hierzu Soergel-Dieckmann, § 2304 Rdnr. 2.

wird, da er auch dem schon vorher vorhandenen, anderen Pflichtteilsberechtigten und damit beiden Pflichtteilsberechtigten bei der Befriedigung ihrer Ansprüche den Vortritt lassen muss, leuchtet ein.

a) Persönlicher Anwendungsbereich des § 2318 Abs. 3

Umstritten ist ferner, ob § 2318 Abs. 3 verlangt, dass der pflichtteilsberechtigte Erbe Alleinerbe sein muss oder auch Miterbe sein kann. Anknüpfungspunkt hier ist nicht der Singular in der Fassung des § 2318 Abs. 3, sondern der nachfolgende § 2319, der einem pflichtteilsberechtigten Miterben nach Teilung des Nachlasses gestattet, den Pflichtteilsanspruch eines Dritten soweit zu verweigern, dass ihm sein eigener Pflichtteil verbleibt. Frank[80] hat hieraus früher den Schluss gezogen, § 2318 Abs. 3 sei neben § 2319 nicht anwendbar, denn § 2318 Abs. 3 setze die Gefährdung des Pflichtteils durch einen Dritten voraus. Diese Beeinträchtigung des Pflichtteils drohe nicht, wenn einem pflichtteilsberechtigten Miterben schon über § 2319 ein entsprechender Schutz zuteil werde.

Der BGH[81] greift die Begründung Franks damit an, dass § 2319 den pflichtteilsberechtigten Miterben nur davor bewahre, einem Pflichtteilsgläubiger, der bei ihm Befriedigung wegen eines Pflichtteilsanspruchs suche, von seinem Erbteil soviel preiszugeben, dass ihm weniger als sein eigener Pflichtteil verbleibe. Weiter gehe der Schutz des § 2319 nicht. Insbesondere schütze § 2319 den eigenen Pflichtteil nicht, wenn Pflichtteilsanspruch und Vermächtnis zusammenträfen. Wirke beides zusammen, so bleibe dennoch Raum für die Anwendung des § 2318 Abs. 3.

Unter ausdrücklicher Aufgabe seiner vormals vertretenen Auffassung räumt auch Frank[82] nunmehr ein, keinen überzeugenden Grund mehr zu sehen, dem pflichtteilsberechtigten Miterben den Schutz des § 2318 Abs. 3 vorzuenthalten.

---

[80] MüKo-Frank, 2. Auflage, § 2318 Rdnr. 11.
[81] BGHZ 95, 222 (225).
[82] MüKo-Frank, § 2318 Rdnr. 11; zur Entwicklung des Meinungsstreits siehe Halm, Das Kürzungsrecht des pflichtteilsberechtigten Erben gegenüber Vermächtnisnehmern und Auflagenbegünstigten, S. 120 ff.

Stellungnahme:

Dem Ergebnis des F r a n k s c h e n Sinneswandels kann man sich uneingeschränkt anschließen, da Anwendungsbereich und Schutzumfang der §§ 2318 Abs. 3 und 2319 zu unterschiedlich sind, als dass ein (mögliches) Überschneiden des Erbenschutzes hinsichtlich zu tragender Pflichtteilslasten dazu führen kann, § 2318 Abs. 3 die Anwendung zu versagen. § 2319 ist eine auf den Zeitraum nach der Teilung des Nachlasses gerichtete Vorschrift, die den pflichtteilsberechtigten Miterben schützen, den Pflichtteilsberechtigten jedoch nicht schutzlos stellen will, wie S. 2 der Vorschrift :

" Für den Ausfall [des Pflichtteilsberechtigten] haften die Erben. "

deutlich macht. Aus dem Bestehen der Norm Rückschlüsse auf den Anwendungsbereich des § 2318 Abs. 3 zu ziehen, ihr gar den Charakter einer abschließenden Spezialvorschrift zu verleihen, besteht kein Anlass. Dass beide Normen sich nicht nur nicht ausschließen, sondern bei der Aufteilung des Nachlasses ergänzend zu beachten sind, mag folgender Sachverhalt illustrieren:

> Bsp. 8: Der verwitwete Erblasser E hinterlässt die beiden zu je 1/2 erbenden Söhne A und B sowie den enterbten Sohn C. Dem V setzt er ein Vermächtnis in Höhe von 100.000,-- € aus, mit dem er nur den B beschwert. Ungekürzt wird das Vermächtnis an V ausgekehrt. Nach Teilung des verbleibenden Nachlasswertes meldet sich C bei B und verlangt seinen Pflichtteil. Der Nachlasswert beträgt 300.000,-- €.

Bei dem nur einem Miterben auferlegten Vermächtnis handelt es sich nicht um eine Verbindlichkeit, für die nach § 2058 die Miterben gesamtschuldnerisch haften, da hier keine gemeinschaftliche Nachlassverbindlichkeit vorliegt[83]. Weil nur B mit dem Vermächtnis beschwert war, standen ihm aus der nach Berichtigung des Vermächtnisses noch verbleibenden Teilungsmasse von 200.000,-- € nur 50.000,-- € zu. Der dem B verbleibende Betrag entspricht der Höhe seines (gedachten) Pflichtteilsanspruchs. Deshalb beruft er sich dem C gegenüber

---

[83] Erman-Schlüter, § 2058 Rdnr. 1; Palandt-Edenhofer, § 2058 Rdnr. 1, Staudinger-Otte, § 2148 Rdnr. 3.

einredeweise auf § 2319. Vom Wortlaut der Vorschrift ist das Verhalten des B gedeckt, nicht jedoch von der Systematik des Gesetzes. § 2318 Abs. 3 gewährt dem B gegenüber V in Ansehung der Pflichtteilslast das Recht, das Vermächtnis verhältnismäßig zu kürzen. Das Gesetz sieht damit vor, den Vermächtnisnehmer an der Pflichtteilslast zu beteiligen. Macht B von der ihn schützenden Einrede des § 2318 Abs. 3 keinen Gebrauch, würde er zu Lasten des Pflichtteilsberechtigten handeln, da ihm nach ungekürzter Auskehr des Vermächtnisses nicht mehr genug bliebe, um dessen Pflichtteilsanspruch zu erfüllen. Gerechtfertigt ist es daher, den B im Verhältnis zu C so zu stellen, als habe er von seiner Kürzungsmöglichkeit Gebrauch gemacht. Schon bei Inanspruchnahme durch den Vermächtnisnehmer müssen die Miterben daher beachten, dass dieser anteilig die Pflichtteilslast zu tragen hat.

B ist verpflichtet, die Pflichtteilslast im Innenverhältnis zu dem Miterben A in Höhe von 25.000,-- € zu tragen. Gegenüber Vermächtnisnehmer V hätte er nach der Formel:

$$KB = \frac{25.000,-- € \text{ (Pflichtteil) } \times 100.000,-- € \text{ (Vermächtnis)}}{150.000,-- € \text{ (1/2 Nachlasswert)}}$$

KB = 16.666,67 €

einbehalten können. Dieser Betrag der nicht wahrgenommenen Kürzungsmöglichkeit ist es, der dem Nachlass des B im Falle einer späteren Inanspruchnahme durch einen Pflichtteilsberechtigten im Rahmen des § 2319 hinzugerechnet werden muss, macht er von seinem Kürzungsrecht keinen Gebrauch. Diesen Betrag hat er sodann an den Pflichtteilsberechtigten auszuzahlen, ungeachtet des Umstandes, dass ihm zunächst weniger als sein Pflichtteil bleibt. Dies ist auch insofern interessengerecht, als nunmehr der ehedem kürzungsberechtigte Erbe aufgerufen und mit dem im vorhinein vermeidbaren Risiko belastet ist, seinen Rückforderungsanspruch wegen der ungekürzten Auszahlung des Vermächtnisses gegen den Vermächtnisnehmer nach § 813 Abs. 1 S. 1 i.V.m. § 2318 durchzusetzen. Den darüber hinaus noch fehlenden Betrag bis zur Höhe seines vollständigen Pflichtteils kann C von dem anderen Erben nach § 2319 S. 2 verlangen.

b) Zusammentreffen von §§ 2318 Abs. 2 und Abs. 3

Keine Regelung sieht das Gesetz für den Fall vor, dass der Erbe pflichtteilsberechtigt ist und Rechte nach § 2318 Abs. 3 in Anspruch nehmen will, der Vermächtnisnehmer aber gleichfalls zum Kreis der Pflichtteilsberechtigten gehört und zu seinem Schutz auf § 2318 Abs. 2 verweist.

Die herrschende Auffassung[84] löst diese Kollisionsproblematik dahingehend auf, dass im Verhältnis der Absätze 2 und 3 zueinander das Pflichtteilsrecht des Erben vorgehen soll. Zur Begründung wird auf die Gesetzgebungsgeschichte verwiesen. In den Protokollen[85] heißt es hierzu wörtlich:

„Im Verhältnisse zwischen einem pflichtteilsberechtigten Erben und einem pflichtteilsberechtigten Vermächtnisnehmer werde zunächst das Pflichtteilsrecht des Erben vorgehen müssen."

Dies soll dem pflichtteilsberechtigten Vermächtnisnehmer gegenüber den gleichen Abzug legitimieren, wie ihn § 2318 Abs. 3 dem pflichtteilsberechtigten Erben gegenüber dem nicht pflichtteilsberechtigten Vermächtnisnehmer gewährt. Obgleich in der Literatur[86] oftmals die Kollision zwischen beiden Absätzen angesprochen wird, findet sich dazu kaum ein praktisches Beispiel[87]. Da eine Kollision beider Vorschriften zumindest dreier Pflichtteilsberechtigter, davon ein Erbe und ein Vermächtnisnehmer, bedarf, kann das Problem überhaupt nur in einem Fall wie dem Folgenden auftreten:

> Bsp. 9 (nach Pestaschowsky S. 14): Erblasser E hinterlässt die Witwe W, mit der er in Gütertrennung lebte. Alleinerbe ist Sohn S, beschwert mit einem Vermächtnis von 6.500,-- € zu Gunsten seiner Schwester T und einem weiteren Vermächtnis von 22.000,-- € zu Gunsten des V. Der Nachlass beträgt 39.000,-- €.

---

[84] Palandt-Edenhofer, § 2318 Rdnr. 4; RGRK-Johannsen, § 2318 Rdnr. 8; Staudinger-Haas, § 2318 Rdnr. 27; Halm, Das Kürzungsrecht des pflichtteilsberechtigten Erben gegenüber Vermächtnisnehmern und Auflagenbegünstigten, S. 178 ff.; Schlitt, Aufteilung der Pflichtteilslast zwischen Erbe und Vermächtnisnehmer, ZEV 1998, 91 (92).
[85] Protokolle V, S. 549 f.
[86] AK-Däubler, § 2318 Rdnr. 20; Müko-Frank, § 2318 Rdnr. 6; RGRK-Johannsen, § 2318 Rdnr. 7.

Die gesetzlichen Erbquoten ergeben sich aus § 1931 Abs. 4, wonach der überlebende Ehegatte neben zwei Kindern zu gleichen Teilen erbt. Für die Nachlassverteilung folgt daraus:

Pflichtteil der W (1/6):	6.500,-- €
Vermächtnis des V:	22.000,-- €
Vermächtnis der T:	6.500,-- €
Erbe S:	4.000,-- €

Sogleich kann man einwenden, hier bestehe ein Kollisonsproblem nicht, da Erbe S über § 2318 Abs. 3 insoweit geschützt ist, dass er wegen der Pflichtteilslast das Vermächtnis des V kürzen und so zumindest seinen Pflichtteil sichern kann. Wenn aber der Erblasser dem S diese Kürzungseinrede abgeschnitten hat[88], stellt sich dennoch die Frage, ob der Erbe in das Pflichtteilsrecht des Vermächtnisnehmers eingreifen darf.

Folgt man der herrschenden Auffassung, wie sie der Verfasser versteht, so soll in solcher Situation der Erbe S zu Lasten der T berechtigt sein, von deren Vermächtnisforderung insgesamt soviel einzuhalten, dass zumindest sein Pflichtteil gesichert ist.

Stellungnahme:

Eine derart weitreichende Folgerung in Richtung der herrschenden Auffassung aus den Protokollen zu ziehen, scheint gewagt. Schon Greiff[89] wies darauf hin, dass die Absätze 2 und 3 nur Einschränkungen des Grundsatzes des Absatz 1 seien. Dieser Grundsatz werde dahingehend eingeschränkt, dass bei der Verteilung der Pflichtteilslast die Beschwerung zugunsten eines selbst Pflichtteilsberechtigten nur mit dem seinen Pflichtteil übersteigenden Betrag anzusetzen sei. Es handele sich demnach nicht um das (rechnerische) Problem, welche Kürzung zuerst vorzunehmen sei. Träfen beide Absätze zusammen, veränderten beide (jeweils in ihrem Schutzbereich) das Kürzungsrecht aus Absatz 1 der Vorschrift.

---

[87] Ausnahme Pestaschowsky, Die Pflichtteilslast nach dem BGB, S. 14.
[88] Zu der umstrittenen Frage, ob der Erblasser dies überhaupt darf, sogleich.
[89] Planck-Greiff, § 2318 Anm. 4.

Wenngleich Frank[90] darauf hinweist, dass der praktische Anwendungsbereich der Frage aufgrund der dem Erben und dem Vermächtnisnehmer offenstehenden Ausschlagungsmöglichkeiten gering sein sollte, ist auch sein ohne weitere Begründung gelieferter Ansatz, den pflichtteilsberechtigten Vermächtnisnehmer zu begünstigen, nicht zutreffend.

Sowohl die den Erben als auch die den Vermächtnisnehmer bevorzugenden Auffassungen kranken daran, dass es kein vernünftiges und nachvollziehbares Kriterium gibt, den Erben oder den Vermächtnisnehmer einseitig zu begünstigen. Ein solches kann es in diesen Konstellationen gewillkürter Erbfolge – vorbehaltlich eines etwa dahingehenden Erblasserwillens – nicht geben. Der Erbe und der Vermächtnisnehmer haben die Möglichkeit, die Erbschaft auszuschlagen und sich damit zumindest des Pflichtteils gewiss zu sein. Lassen beide diese Möglichkeit ungenutzt verstreichen, besteht keine Veranlassung, den einen gegenüber dem anderen zu bevorzugen, denn beide können sich zum Schutz ihres (insoweit gleichrangigen) Pflichtteils auf das Gesetz berufen.

Überdies besteht keine Notwendigkeit, zwischen den Absätzen 2 und 3 Rangverhältnisse zu konstruieren. Ein derartiges kann und darf es nur geben, sollte eine Bestimmung der anderen vorgehen, weil es entweder ausdrücklich normiert ist oder eine Vorschrift einen Sachverhalt spezieller als die andere abschließend regelt. Nach den bisherigen Ergebnissen ist dies jedoch nicht der Fall. § 2318 Abs. 3 erweitert das Kürzungsrecht dahin, dass die Pflichtteilslast nicht verhältnismäßig, sondern absolut zur Kürzung des Vermächtnisses berechtigt; § 2318 Abs. 2 hingegen schützt den Vermächtnisnehmer wegen seines Pflichtteils, darüber hinaus nicht. Beide Bestimmungen sind, wie Greiff[91] nachgewiesen hat, auf den sich Frank[92] zu Unrecht für die gegenteilige Ansicht beruft, nebeneinander anwendbar. Die in der Literatur geisternde Rangproblematik existiert nicht.

Im Beispiel bleibt es damit bei der Nachlassverteilung. T ist nach § 2318 Abs. 2 vor Eingriffen in ihren Pflichtteil geschützt. Erbe S könnte nach § 2318 Abs. 3 vorgehen, wenn ihm dieses Recht nicht beschnitten wäre.

---

[90] MüKo-Frank, § 2318 Rdnr. 10.
[91] Planck-Greiff, § 2318 Anm. 4.
[92] MüKo-Frank, § 2318 Rndr. 10.

c) Abdingbarkeit des Kürzungsrechts

§ 2324 gestattet es dem Erblasser ausdrücklich, durch Verfügung von
Todes wegen von den Vorschriften des § 2318 Abs. 1 und der §§ 2320 –
2323 abweichende Anordnungen zu treffen. Obschon auf diese Weise
eindeutig geregelt sein sollte, dass der ausgenommene § 2318 Abs. 3
gerade nicht abzubedingen ist, wurde in der Literatur teilweise eine andere
Auffassung vertreten. Greiff[93] stellte zur Diskussion, ob nicht der
Erblasser, trifft er Bestimmungen, die unter den Tatbestand des § 2306
Abs. 1 S. 2 fallen, auch anordnen kann, dass der pflichtteilsberechtigte Erbe
außer den ihm auferlegten Vermächtnissen auch noch die aus dem
Pflichtteilsanspruch eines anderen sich ergebende Pflichtteilslast
vollständig oder in bestimmter Höhe zu tragen habe, ohne deswegen die
Vermächtnisse kürzen zu dürfen. Argumentiert wird damit, dass in solcher
Anordnung nur ein Vermächtnis zugunsten derjenigen gelegen sei, welche
die Pflichtteilslast sonst im Wege einer ihnen entgegengehaltenen Kürzung
anteilig zu tragen hätten. Überdies lasse § 2306 Abs. 1 S. 2 dem Erben die
Wahl, den mit den Beschwerungen belasteten Erbteil auszuschlagen und
den Pflichtteil zu verlangen oder sich alle Beschwerungen gefallen zu
lassen.

Von der widerstreitenden Ansicht[94] wird zwar zugestanden, dass § 2318
Abs. 3 die durch § 2306 Abs. 1 S. 2 gezogene Belastungsgrenze nicht
zugunsten des Erben verschiebe. Dennoch will man dem Erblasser das
Recht, dem Erben durch ein derartiges zusätzliches Vermächtnis die
Kürzungsmöglichkeit des Abs. 3 zu nehmen, nicht zubilligen. Die
besondere Schutzwürdigkeit dieser Einrede gegenüber dem
Vermächtnisnehmer dokumentiere zudem § 2323, der selbst für den Fall,
dass der (Mit-) Erbe die Pflichtteilslast nicht zu tragen habe, den Absatz 3
nicht von seiner Anwendbarkeit – im Gegensatz zu Absatz 1 – ausschließe.

Dieses Argument ruft Zweifel hervor, da in der Literatur beinahe
einhellig[95] die Meinung vertreten wird, dass § 2323 für alle Fälle des §

---

[93] Planck-Greiff, § 2318 Anm. 5; Windscheid-Kipp, Lehrbuch des Pandektenrechts, S.
425.

[94] Soergel-Dieckmann, § 2318 Rdnr. 15; ablehnend auch Halm, Das Kürzungsrecht des
Erben gegenüber Vermächtnisnehmern und Auflagenbegünstigten, S. 173.

[95] MüKo-Frank, § 2323 Rdnr. 2; RGRK-Johannsen, Erläuterung zu § 2323; Soergel-
Dieckmann, § 2323 Rdnr. 2; Staudinger-Haas, § 2323 Rdnr. 3; a.A.. Erman-Schlüter §
2323 Rdnr. 1, der sich zu Unrecht auf Kipp-Coing § 12 II 2 d beruft, denn auch dieser
meint, ein Abzug gegenüber dem Vermächtnisnehmer wegen eines Pflichtteils, den der
Erbe nach § 2320-2322 zu tragen habe, sei innerlich unberechtigt.

2318 greife, weil nicht allein aus der Nichterwähnung des § 2318 Abs. 3 in § 2323 gefolgert werden könne, dass der im Innenverhältnis privilegierte Erbe dem Vermächtnisnehmer ein Kürzungsrecht uneingeschränkt entgegenhalten könne[96].

Stellungnahme:

Die Frage, ob § 2318 Abs. 3 abdingbar ist, lässt sich nur klären, wenn man zuvor die Schutzrichtung des § 2324 i.V.m. § 2318 Abs. 3 bestimmt. Haas[97] sieht den Zweck des § 2324 i.V.m. § 2318 Abs. 3 darin, dem Erblasser die Möglichkeit zu entziehen, in das Pflichtteilsrecht des Erben einzugreifen. Die bisherigen Ergebnisse lassen jedoch darauf schließen, dass dies nicht der alleinige Sinn des § 2324 sein kann, denn § 2318 Abs. 3 schützt, selbst wenn der Erblasser diesbezüglich keinerlei Anordnung traf, den Pflichtteil des Erben in bestimmten Konstellationen nach bislang vollzogener Lesart[98] eben nicht. Will der pflichtteilsberechtigte Erbe nicht unter seinen Pflichtteil geraten, kommt ihm nach bisheriger, wenn auch hier kritisch gesehener, Rechtsprechung nicht das Kürzungsrecht des § 2318 Abs. 1 in der Erweiterung des Abs. 3 zur Hilfe, sondern das Wahlrecht aus § 2306 Abs. 1 S. 2.

Da der Schutz des Pflichtteils – entgegen dem Wortlaut des § 2318 Abs. 3 – nicht gesichert ist, vermag hierin auch nicht der Schlüssel zu einer Rechtfertigung der die Abdingbarkeit verneinenden Auffassung gesehen zu werden. Frank[99] misst § 2318 Abs. 3 denn auch eine gänzlich andere Schutzrichtung bei. Die Vorschrift schütze den pflichtteilsberechtigten Erben, der sich in Unkenntnis der Ausschlagungsmöglichkeit des § 2306 Abs. 1 S. 2 zur Annahme der Erbschaft mit all den damit verbundenen Nachteilen entschlossen habe. Mit anderen Worten soll das erweiterte Kürzungsrecht den pflichtteilsberechtigten Erben dafür prämieren, den Willen des Erblassers nicht durch Ausschlagung der Erbschaft außer Kraft zu setzen. § 2318 Abs. 3 hätte hier den Charakter einer Versicherung für den schlecht beratenen Erben. Diese Versicherung ist aber mit einer je nach Fallgestaltung unterschiedlichen Selbstbeteiligung für den Erben ausgestaltet.

---

[96] Staudinger-Haas, § 2323 Rdnr. 3.
[97] Staudinger-Haas, § 2324 Rdnr. 6.
[98] Siehe oben S. 43 ff.
[99] MüKo-Frank, § 2318 Rdnr. 9.

Unterstützung erfährt die Argumentation F r a n k s auch durch die Kritikpunkte an der Rechtsprechung zur Auslegung des § 2318 Abs. 3, da hier wir dort der Erbe beinahe genötigt wird, eine Erklärung (Ausschlagung der Erbschaft) abzugeben, um sich zumindest des Pflichtteils gewiss zu sein. Gewünscht ist dies grundsätzlich nicht, wie die überzeugende Argumentation der Rechtsprechung zur Ablehnung einer schlichten Verwirkungsklausel belegt[100]. § 2318 Abs. 3 läuft nach dieser Auffassung nicht nur darauf hinaus, den Erben, sondern auch den Erblasserwillen zu schützen.

Eine Antwort auf die hier aufgeworfene Frage im Sinne eines zwingenden Charakters des § 2324 i.V.m. § 2318 Abs. 3 vermag mit derartiger Argumentation allerdings auch nicht gefunden zu werden. Trifft nämlich der Erbe die Entscheidung, das Erbe anzunehmen, unterwirft er sich dem Willen des Erblassers. Wenn dieser Wille nun als in besonderer Weise zu schützen maßgeblich ist, wäre es widersprüchlich, eine Anordnung, die der Erbe durch Ausschlagung im Rahmen des § 2306 für ihn gegenstandslos machen kann, als nicht gültig zu erachten.

Trotz der beachtenswerten Argumentation F r a n k s bleibt daher Nagelprobe dafür, dass die den Erben treffenden erbrechtlichen Gestaltungen Bestand haben, bislang nicht das Kürzungsrecht gegenüber Vermächtnisnehmern, sondern die Wahlmöglichkeit des § 2306 Abs. 1 S. 2. Durch die in § 2306 genannten Beschwerungen kann der Erblasser das Erbe und den darin enthaltenen Pflichtteil aufzehren. Lässt das Gesetz dem Erblasser diese Möglichkeiten, ist es nur konsequent, ihm auch die Befugnis einzuräumen, regelnd in das Innenverhältnis Erbe – Vermächtnisnehmer einzugreifen. Schließt der Erblasser sodann das Kürzungsrecht des § 2318 Abs. 3 aus, liegt darin nicht mehr, als ihm § 2306 ohnehin gestattet. Ob diese den Pflichtteil beeinträchtigenden Anordnungen schließlich Erfolg haben, hängt vom Willen des pflichtteilsberechtigten Erben ab, dessen Entschließungsfreiheit, das Erbe mit all den damit verbundenen Konsequenzen anzunehmen oder auszuschlagen, einzig über § 2306 Abs. 1 S. 2 geschützt ist. Entgegen F r a n k wird der Erbe nicht dadurch abgesichert, dass ein Ausschluss des Kürzungsrechts nach § 2318 Abs. 3 für ihn gegenstandslos ist. Insofern geht der erklärte Erblasserwille vor. Schutzlos wird der Erbe dadurch nicht, da es ihm trotz (oder gerade wegen) einer derartigen Anordnung freigestellt ist, die Erbschaft auszuschlagen und den Pflichtteil zu verlangen.

---

[100] BGHZ 120, 96 (101).

Zwischenergebnisse:

1. § 2318 Abs. 1 ergänzt den Erblasserwillen dahingehend, den Nachteil des Erben auszugleichen, Vermächtnisse und Auflagen bei der Berechnung des für Pflichtteilsansprüche maßgebenden Nachlasswertes nicht passivieren zu dürfen. Hierzu gewährt § 2318 Abs. 1 dem Erben eine dem Vermächtnisnehmer entgegenzuhaltende Kürzungseinrede.

2. Die Kürzungsmöglichkeit des § 2318 Abs. 1 setzt nur voraus, dass Pflichtteilsansprüche bestehen. Nicht erforderlich ist, dass diese dem Erben gegenüber geltend gemacht werden.

3. Treffen Ansprüche pflichtteilsberechtiger und nicht pflichtteilsberechtigter Vermächtnisnehmer zusammen, gilt für die Bestimmung der Kürzungseinrede eine fiktive Betrachtung der Pflichtteilslast. Unentziehbarer Kern des Vermächtnisanspruches des pflichtteilsberechtigten Vermächtnisnehmers ist dessen Pflichtteilsrecht. Das von der Literatur angenommene Kollisionsproblem zwischen § 2318 Abs. 1 und Abs. 2 besteht nicht.

4. Bei einem pflichtteilsberechtigten Vermächtnisnehmer unterliegt nur der den Pflichtteil überschießende Betrag einer verhältnismäßigen Kürzung.

5. Im Falle eines Erbverzichts kann dem ehedem Pflichtteilsberechtigten bei späteren Wertveränderungen nicht durch die Fiktion eines partiellen Erbverzichts geholfen werden, um zur Anwendung des § 2318 Abs. 2 zu gelangen. Mit dem Erbverzicht ist er endgültig aus dem erbrechtlichen Gefüge ausgeschieden.

6. § 2318 Abs. 3 schützt den Pflichtteil des Erben nach herrschender Auffassung nicht. Die Norm erweitert das Kürzungsrecht des Abs. 1 nur dergestalt, dass der Erbe den nicht pflichtteilsberechtigten Vermächtnisnehmer wegen der Pflichtteilslast bis zu deren absoluter Höhe heranziehen kann.

7. § 2318 Abs. 3 gilt auch in Fällen der Miterbengemeinschaft. § 2319 steht dem nicht entgegen.

8. Entgegen den in der Literatur herrschenden „Vorrangansichten" sind § 2318 Abs. 2 und Abs. 3 nebeneinander anwendbar.

9. § 2318 Abs. 3 ist zuungunsten des pflichtteilsberechtigten Erben abdingbar, obschon der Wortlaut des § 2324 dagegen spricht.

2. Kapitel
Die Verteilung der Pflichtteilslast in der Erbengemeinschaft

I. Grundsätzliche Verteilung der Pflichtteilslast

Es hat sich gezeigt, dass § 2318 nicht nur für den Alleinerben gilt, sondern auch anzuwenden ist, sofern eine Miterbengemeinschaft von einem Vermächtnisnehmer in Anspruch genommen wird. Geregelt ist über § 2318 jedoch nur das Verhältnis des Erben zum Vermächtnisnehmer. Nicht normiert ist die Verteilung der Pflichtteilslast unter Miterben. Hierfür gibt das Gesetz in §§ 2319, 2320 Bestimmungen. Während § 2319 von § 2324 ausgeklammert wird, stellt der Gesetzgeber es dem Erblasser anheim, die gemeinschaftliche Nachlassverbindlichkeit „Pflichtteilsanspruch" anders als von § 2320 vorgesehen zu regeln.

Grundsätzlich haben die Miterben die Pflichtteilslast, da die Ansprüche aus Pflichtteilsrechten zu den Erbfallschulden gehören[101], aufgrund der Bestimmungen über die Miterbengemeinschaft nach dem Verhältnis ihrer Erbteile zu tragen.

Bis zur Teilung des Nachlasses gelten – auch in Ansehung der Pflichtteilslast – §§ 2058, 2059 Abs. 1 S. 1, denen zufolge die Erben für die gemeinschaftlichen Nachlassverbindlichkeiten als Gesamtschuldner haften. Aus § 2059 Abs. 1 S. 1 kann der Erbe danach das Recht ableiten, die Berichtigung der Nachlassverbindlichkeiten aus dem Vermögen, das er außer seiner Beteiligung am Nachlass hat, zu verweigern.

Auch nach der Teilung des Nachlasses bleibt es bei § 2058, wonach die Erben für die gemeinschaftlichen Nachlassverbindlichkeiten als Gesamtschuldner haften. Dem Miterben ist die Möglichkeit des § 2059 Abs. 1 genommen. Nur in den abschließend aufgeführten Fällen der §§ 2060 und 2061 kann er den Gläubiger darauf verweisen, lediglich für den seinem Erbteil entsprechenden Teil einer Nachlassverbindlichkeit zu haften. Sonst muss er voll leisten, ihm bleibt aber, da er als Gesamtschuldner haftet, die Regressmöglichkeit gegenüber den anderen Miterben.

---

[101] Palandt-Edenhofer, § 1967 Rdnr. 6.

II. Beschränkbare Haftung eines pflichtteilsberechtigten Miterben

Nur für den Zeitraum nach der Teilung des Nachlasses <u>und</u> den Fall, dass ein Pflichtteilsberechtigter vom Miterben Befriedigung verlangt, ist § 2319 anwendbar. Danach kann der Miterbe die Erfüllung des Pflichtteilsanspruches soweit ablehnen, dass ihm sein eigener Pflichtteil verbleibt. § 2319 regelt folglich nicht die Verteilung der Pflichtteilslast im Innenverhältnis, wie man es nach seiner Stellung im Gesetz annehmen kann, sondern nur das Außenverhältnis des Miterben zum Pflichtteilsberechtigten. Systematisch zutreffender wäre es daher wohl gewesen, diese Vorschrift mit in den § 2060 aufzunehmen, der ohnehin die Haftung der Erben nach der Teilung des Nachlasses regelt.

Begründet wird die Unabdingbarkeit des § 2319 S.1 damit, dass dem Erben nach Teilung des Nachlasses jedenfalls sein Pflichtteil verbleiben soll; davon soll er auch einem anderen Pflichtteilsberechtigten nichts preisgeben müssen[102].

Zutreffend ist darüber hinaus, wenn der BGH[103] im Anschluss an Dieckmann[104] und Kipp[105] ausführt, § 2319 wirke auch in das Innenverhältnis mehrerer Miterben hinein. Der hinter der Vorschrift stehende Gedanke gebiete es, einen pflichtteilsberechtigten Miterben bei der Teilung des Nachlasses zur Deckung eines fremden Pflichtteils nur unter Wahrung seines eigenen Pflichtteils heranziehen zu können.

Bei der Auslegung des § 2319 ist allerdings zu berücksichtigen, dass der Erbe dem Pflichtteilsberechtigten das Leistungsverweigerungsrecht, sofern Vermächtnisnehmer zu befriedigen waren, nur dann entgegenhalten kann, wenn er von seinem Recht, den Vermächtnisnehmer an der Pflichtteilslast zu beteiligen, Gebrauch gemacht hat. Hat er dies unterlassen, darf er dieses Versäumnis nicht auf Kosten des Pflichtteilsberechtigten wiedergutmachen. Den Betrag der ihm möglichen Kürzungseinrede hat er dem Pflichtteilsberechtigten zur Verfügung zu stellen. Der Miterbe selbst ist mit dem Risiko belastet, den zuviel ausgezahlten Betrag vom Vermächtnisnehmer zu kondizieren[106].

---

[102] MüKo-Frank, § 2319 Rdnr. 1, 3.
[103] BGHZ 95, 222 (226).
[104] Soergel-Dieckmann, § 2319 Rdnr. 4.
[105] Kipp/Coing, Erbrecht, § 12 I 4.
[106] Siehe oben S. 51 ff.

Zwingend kann § 2319 überdies nur sein, wenn es der Gefahr zu begegnen gilt, dass das Pflichtteilsrecht des Miterben nach Teilung des Nachlasses geschmälert wird. Nicht verwehrt sein darf es dem Erblasser, Bestimmungen für den Fall zu treffen, dass die anderen Erben den Ausfall tragen müssen, den der Pflichtteilsberechtigte wegen der Einrede eines pflichtteilsberechtigten Miterben erleidet. Deshalb ist § 2319 S. 2 abdingbar, obgleich es sich aufdrängt, aus § 2324 anderes zu schließen[107]. Auch gilt es im Rahmen des § 2319 zu beachten, dass das Leistungsverweigerungsrecht unabhängig davon besteht, ob der Erbe das Recht, seine Haftung auf das Erbe zu beschränken, verloren hat. Zutreffend wird diese Besonderheit damit begründet, dass § 2319 ein zur Wahrung des Pflichtteilsrechts dienendes Leistungsverweigerungsrecht gewährt; mit welcher Vermögensmasse gehaftet wird, bleibt außer Betracht[108].

III. Die Haftung des Ersatzerben bei gesetzlicher Erbfolge

§ 2320 modifiziert das Innenverhältnis, nach dem zu beurteilen ist, in welcher Höhe die Miterben die Pflichtteilslast bzw. Vermächtnislast zu tragen haben. Während § 2320 Abs. 1 die Haftungsverteilung bei gesetzlicher Erbfolge regelt, ergänzt Abs. 2 den Willen des Erblassers über die Verteilung der Pflichtteilslast bei gewillkürter Erbfolge, falls sich die letztwillige Verfügung hierüber ausschweigt.

Nach § 2320 Abs. 1 hat im Innenverhältnis derjenige Miterbe die Pflichtteilslast zu tragen, der an Stelle des Pflichtteilsberechtigten gesetzlicher Erbe wird. Für den Fall, dass der Pflichtteilsberechtigte mit einem Vermächtnis bedacht ist und dieses auch in Ausübung seiner Wahlmöglichkeit nach § 2307 Abs. 1 annimmt, ordnet § 2320 Abs. 1 2. Alt. an, dass der an dessen Stelle tretende gesetzliche Erbe das Vermächtnis in Höhe des erlangten Vorteils zu tragen hat. Nach allgemeinem Verständnis will die Vorschrift dem anzunehmenden Willen des Erblassers Ausdruck verleihen, denjenigen, der an Stelle des (eigentlich) Berechtigten den Erbschaftsbruchteil erhält, im Verhältnis zu den übrigen Miterben mit der Pflichtteilslast bzw. mit der Erfüllung des dem Pflichtteilsberechtigten zugewandten Vermächtnisses zu belasten[109].

---

[107] Staudinger-Haas, § 2319 Rdnr. 13 und § 2324 Rdnr. 1.

[108] MüKo-Frank, § 2319 Rdnr. 5; Planck-Greiff, § 2319 Anm. 4; Staudinger-Haas, § 2319 Rdnr. 12.

[109] RG JW 1918, 767 (768); Motive V, S. 422; Staudinger-Haas, § 2320 Rdnr. 1.

Das Eintreten an Stelle des Pflichtteilsberechtigten liegt nach h.M.[110] vor, wenn der Miterbe unmittelbar aufgrund jenes Vorgangs einrückt, der den Pflichtteilsanspruch begründet[111]. Einigkeit besteht darüber, dass diese Voraussetzung in drei Fällen gegeben ist:

1. Der Pflichtteilsberechtigte wird nach § 1938 enterbt oder in anderer Weise (Pflichtteilsstrafklausel) ausgeschlossen.

2. Der Pflichtteilsberechtigte schlägt aus, ohne seinen Pflichtteil zu verlieren.

3. Der Pflichtteilsberechtigte verzichtet auf sein Erbrecht, behält sich jedoch den Pflichtteil vor.

Dem Eintreten gleich gestellt soll es nach h.M.[112] sein, wenn sich der Erbteil eines bereits berufenen Erben aufgrund der vorgenannten Vorgänge erhöht. Demnach greift die Vorschrift beispielsweise, wenn sich der Erbteil des überlebenden Ehegatten dadurch erhöht, dass der einzige Abkömmling ausschlägt und sodann neben dem Ehegatten auch die Eltern des Erblassers zur gesetzlichen Erbfolge berufen sind.

Hellmann[113] sah hingegen aufgrund des Wortlauts und der Entstehungsgeschichte einen eingeschränkten Anwendungsbereich der Norm und wollte die Fälle ausgeklammert wissen, in denen der Begünstigte nicht derselben erbrechtlichen Ordnung angehört wie der ehedem Berechtigte. Demnach falle auch nicht die Erhöhung eines Ehegattenerbteils unter § 2320 Abs. 1. Hellmann knüpfte seine Argumentation im Wesentlichen daran, dass in den Beratungen zum 1. Entwurf des § 1995, dem Vorläufer des heutigen § 2320, nur die Fälle gemeint gewesen sein sollten, in denen der mit der Pflichtteilslast zu beschwerende Miterbe der gleichen erbrechtlichen Ordnung wie der Ausgeschlossene selbst angehören sollte[114]. Fest machte Hellmann dieses

---

[110] Staudinger-Haas, § 2320 Rdnr. 4.

[111] Formulierung geht zurück auf Planck-Greiff § 2320, Anm. 2.

[112] RG, JW 1918, 767 (768), MüKo-Frank, § 2320 Rdnr. 4; Planck-Greiff, § 2320 Anm. 2; RGRK-Johannsen, § 2320 Rdnr. 1; Soergel-Dieckmann, § 2320 Rdnr. 2; Fürnrohr, Die Selbständigkeit des anwachsenden Erbteils (§ 2095 BGB) und die verhältnismäßige Verteilung der Pflichtteilslast auf Erben und Vermächtnisnehmer (§ 2318 Abs. 1 und 2 BGB), JW 1912, 61 (62).

[113] Hellmann, Zur Lehre von der Pflichtteilslast, Das Recht 1908, 429 (435).

[114] Hellmann, (Fn 113), Das Recht 1908, 429 (431 ff.).

von ihm angenommene Prinzip der Haftung des Nachrückenden insbesondere an der Begründung, mit welcher der seinerzeitige Antrag II:

„ Wer an Stelle des Pflichtteilsberechtigten Erbe wird, hat im Verhältnis zu den Miterben die Pflichtteilslast ... in der Höhe des erlangten Vorteils zu tragen. "

in den Kommissionsberatungen teilweise abgelehnt wurde[115]. Danach „gehe es zu weit, wenn man ... die Voraussetzung so fassen würde, dass jeder, der vom Erblasser deshalb etwas bekomme, weil der Erblasser einen anderen ausschließe, nach Maßgabe des § 1995 die Pflichtteilslast zu tragen habe."[116]

Hierin fand er eine Rechtfertigung seiner Auffassung, da diese Begründung darauf abziele, den Kreis der nachrückenden Erben einzuengen. Um zu einer Lösung des Problems zu kommen, stützte sich Hellmann[117] daher wesentlich auf den Wortlaut des § 2320, in dem es „an Stelle des Pflichtteilsberechtigten" heißt. Von seinem Standpunkt aus zurecht argumentierte er mit dem Sprachgebrauch des Gesetzes, wonach an die Stelle eines gesetzlichen Erben immer ein Erbe trete, der derselben Ordnung angehöre (§§ 1924 Abs. 3, 1925 Abs. 3, 1926 Abs. 3 und 5, 2051 Abs. 1, 2053 Abs. 1). Folge indes nach dem Wegfall eines Erben einer vorhergehenden Ordnung ein Erbe einer nachrangigen Ordnung, könne dieser nicht mehr an die Stelle des Weggefallen treten, da diese Stelle nicht mehr existiere. Gehe es dem Gesetz hingegen darum, denjenigen zu bezeichnen, der durch den Wegfall eines anderen einen Vorteil erlangt, verwende es den Ausdruck „zu statten kommt" (§§ 2321, 2322, 2341).

Zur Veranschaulichung bildete Hellmann folgendes

> Beispiel 10[118]: In Anwendung des § 1938 hat der Erblasser seinen einzigen Sohn D von der Erbfolge ausgeschlossen. Im übrigen findet gesetzliche Erbfolge statt. Er hinterlässt noch seinen Vater A sowie die Witwe C, mit der er Gütertrennung vereinbart hatte. Der Nachlass besteht aus einer Wohnzimmereinrichtung im Wert von 2.000,00 € sowie weiteren 400,00 €.

---

[115] Protokolle V, S. 549.
[116] Protokolle V, S. 549.
[117] Hellmann, (Fn 113), Das Recht 1908, 429 (435).
[118] Hellmann, (Fn 113), Das Recht 1908, 429 (430).

Hinsichtlich der Wohnungseinrichtung ist die C nach § 1932 gesetzliche Vermächtnisnehmerin, da außer ihr nur noch der A als Erbe zweiter Ordnung zur Erbfolge gelangt. Den Erben wiederum steht nach § 2318 Abs. 1 die Möglichkeit offen, die Vermächtnisnehmerin an der Pflichtteilslast verhältnismäßig zu beteiligen. Diese beläuft sich nach Hellmann[119] hier auf

$$3/8 \times 2.400,-- € = 900,-- €.$$

5/6 dieser Pflichtteilslast hat die C als Vermächtnisnehmerin zu tragen, mithin 750,-- €. Nach Abzug des Vermächtnisses bleiben noch 400,-- € für die Erben. Diese wiederum haben von dem Pflichtteil 1/6 zu tragen, also gemeinsam 150,-- €. Vorbehaltlich anderer Bestimmung hat jeder Erbe hiervon ½ zu tragen (§ 1931 Abs. 1 S. 1, 2. Alt.), also 75,-- €.

Deshalb ergab sich nach Hellmann folgende Nachlassverteilung:

Erbe C:	125,-- €
Erbe A:	125,-- €
Vermächtnis C:	1.250,-- €
Pflichtteil D:	900,-- €[120].

Hellmann kritisierte nun die herrschende Meinung, welche dieses Ergebnis noch über § 2320 korrigiert. Denn durch den Ausschluss des D erhält der A nunmehr ½ der Erbschaft, der Anteil der C erhöht sich von ¼ (vgl. § 1931 Abs. 1) auf ½. Da somit der von A erlangte Vorteil doppelt so hoch ist wie der von C, ist die Pflichtteilslast zwischen diesen beiden im Verhältnis 1:2 aufzuteilen, womit es nach ihm zu folgender Nachlassverteilung kam:

---

[119] Hellmann, (Fn 113), Das Recht 1908, 429 (431); das Ergebnis beruht allerdings auf der Rechtslage vor Inkrafttreten des Nichtehelichengesetzes, so dass nur das gesetzliche Erbrecht des Ehegatten nach § 1931 Abs. 1 berücksichtigt wurde. Hiernach hat der überlebende Ehegatte bei einem oder zwei Kindern einen geringeren gesetzlichen Erbteil als die Kinder. Durch das Nichtehelichengesetz ist § 1931 Abs. 4 in das BGB eingefügt worden, um zu verhindern, dass der Erbteil des Ehegatten geringer als der eines Kindes ist. Das Ergebnis von Hellmann wäre nach heutiger Rechtslager allerdings falsch, da der Voraus des Ehegatten bei dem Wert des Nachlasses außer Ansatz bleibt.
[120] Wie Komplex schon ein solcher „einfach" gelagerter Fall hinsichtlich der Pflichtteilslast ist, belegt schon der Umstand, dass Hellmann bei der Verteilung des Nachlasses § 2318 Abs. 3 vollkommen auszublenden schien. Diese Norm gestattet es bekanntlich den pflichtteilsberechtigten Erben, ein Vermächtnis erweiternd als nach dem verhältnismäßigen Maßstab des § 2318 Abs. 1 zu kürzen.

Erbe C:	150,-- €
Erbe A:	100,-- €
Vermächtnis C:	1250,-- €
Pflichtteil D:	900,-- €.

Der Auffassung der h.m dürfte zustimmen sein, denn Hellmanns kategorischer Ausschluss des § 2320 kann letztlich nur tragen, wenn man sich von begriffsjuristischen Erwägungen leiten lässt und die Zwecke nicht berücksichtigt, die mit einer gesetzlichen Bestimmung verfolgt werden. Ohne einen dahinter stehenden Wertungsgesichtspunkt offenbar werden zu lassen, klammerte sich Hellmann einzig an eine vermeintlich vom Gesetzgeber beabsichtigte einheitliche Auslegung des Begriffes „an Stelle". Dabei ist kein stichhaltiges Argument zu erkennen, welches einen hypothetischen Erblasserwillen rechtfertigen soll, einen weiter entfernten Erben zweiter Ordnung im Vergleich zu sonst nachrückenden Erben erster Ordnung derart zu privilegieren[121]. Deshalb ist an der h.M. festzuhalten und der begriffliche Ansatz Hellmanns abzulehnen.

Zu tragen hat der an die Stelle des Pflichtteilsberechtigten tretende Erbe die Pflichtteilslast in Höhe des erlangten Vorteils, wobei zutreffend darauf hingewiesen wird[122], dass Beschwerungen und Beschränkungen, die mit der Vermehrung der Erbenstellung bzw. deren Erlangen einhergehen, den Vorteil mindern.

IV. Die Haftung der Miterben bei gewillkürter Erbfolge

Schwieriger wird es, die interne Verteilung der in Abs. 1 bestimmten Lasten vorzunehmen, wenn § 2320 Abs. 2 greift, ein weiterer Fall der sogenannten „Haftung des Ersatzmannes"[123]. Wiederum spielt es für den haftungsbegründenden Vorgang keine Rolle, ob der vom Erblasser Begünstigte durch die letztwillige Verfügung erst Erbe wird oder ob er nur eine Erhöhung seines ihm zugedachten Erbteils erfährt.

---

[121] Pestaschowsky, Die Pflichtteilslast nach dem BGB, S. 18f.

[122] Staudinger-Haas, § 2320 Rdnr. 5.

[123] Begriff von Johannsen, Die Rechtsprechung des Bundesgerichtshofs auf dem Gebiet des Erbrechts – 5. Teil: Der Pflichtteil (2. Abschnitt), WM 1970, 234 (241).

1. Anwendungsbereich des § 2320 Abs. 2

Die Norm regelt die interne Verteilung der Pflichtteilslast, wenn ein Miterbe aufgrund einer Verfügung von Todes wegen an die Stelle des Pflichtteilsberechtigten tritt.

So ist § 2320 Abs. 2 im Fall der Anwachsung nach § 2094 einschlägig. Darüber hinaus greift die Vorschrift in Fällen wie der Einsetzung eines Vor- und Nacherben, in denen der Vorerbe ausschlägt, jedoch berechtigt ist, seinen Pflichtteil zu verlangen (§ 2306 Abs. 1 S. 2). Hinzukommen muss in einer solchen Konstellation, dass nach der Auslegungsvorschrift des § 2102 Abs. 1 i.V.m. § 2096 die Einsetzung als Nacherbe im Zweifel auch die Einsetzung als Ersatzerbe enthält. Anzuwenden ist die Vorschrift zudem im Falle der ersatzweisen Berufung nach § 2097[124].

Schlägt indes der pflichtteilsberechtigte Nacherbe aus, ist heftig umstritten, ob der Anwendungsbereich des § 2320 Abs. 2 eröffnet ist. Entscheidend hängt dies von der vorab zu klärenden Frage ab, ob ein Abkömmling des pflichtteilsberechtigten Nacherben überhaupt noch in dessen Position einrücken kann, wenn dieser nicht nur ausgeschlagen sondern auch seinen Pflichtteil verlangt hat.

§ 2142 Abs. 2 bestimmt, dass die Erbschaft bei dem Vorerben verbleibt, wenn der Nacherbe die Erbschaft ausschlägt und der Erblasser nicht ein anderes bestimmt hat.

Eine solche andere Bestimmung kann auch in den gesetzlichen Auslegungsregeln gefunden werden, vorliegend kann § 2069 greifen. Falls ein tatsächlicher oder hypothetischer Erblasserwille nicht feststellbar ist, enthält diese Auslegungsregel eine stillschweigend erklärte Ersatzerbeneinsetzung für den Fall des Wegfalls eines Abkömmlings. Begünstigt werden soll hiernach der Stamm des Abkömmlings, falls er bei gesetzlicher Erbfolge nachrücken würde[125]. Der Erblasserwille wird also dahingehend ausgelegt, dass, wenn ein bedachter Abkömmling nach Errichtung des Testaments wegfällt, dessen Abkömmlinge insoweit bedacht sind, als sie bei gesetzlicher Erbfolge an dessen Stelle getreten wären.

---

[124] Staudinger-Haas, § 2320 Rdnr. 11.
[125] Jauernig-Stürner, § 2069 Rdnr. 2.

Während der Anwendungsbereich des § 2069 eröffnet ist, wenn ein Nacherbe wegfällt, wirft die Auslegung des § 2069 vor dem Hintergrund des § 2320 Abs. 2 besondere Probleme auf, wenn der Nacherbe ausschlägt und seinen Pflichtteil verlangt. Fraglich ist dann, ob ein Wegfall im Sinne des § 2069 überhaupt vorliegt mit der Konsequenz, dass Abkömmlinge nachrücken. Der BGH[126] und mit ihm die oberlandesgerichtliche Rechtsprechung[127] sind der Auffassung, ein Wegfall im Sinne des § 2069 liege bei dieser Konstellation nicht vor. Zu entscheiden hatte der BGH über folgenden, vereinfacht wiedergegebenen Sachverhalt:

> Bsp. 11 (nach BGHZ 33, 60): Der Erblasser E hinterließ seine zweite Ehefrau als Vorerbin und seinen erstehelichen Sohn als Nacherben. Ersatznacherbe sollte der Sohnessohn sein. Der Sohn schlägt die Nacherbschaft aus und verlangt den Pflichtteil. Die zweite Ehefrau klagt gegen den Sohnessohn auf Feststellung, dass er nicht Nacherbe sei.

Der BGH geht bei seiner Prüfung von § 2142 aus und untersucht sodann, ob eine andere Bestimmung im Sinne dieser Vorschrift vorliegt. Nachdem die beiden vorgehenden Instanzen die Klage unter anderem mit Hinweis auf § 2069 abgewiesen hatten, korrigierte dies der BGH. Zwar sei es zutreffend, dass die Erbausschlagung einen Wegfall im Sinne des § 2069 bewirke, da es im Regelfall dem Willen des Erblassers entspreche, dass nicht infolge der Ausschlagung eines Abkömmlings dessen ganzer Stamm leer ausgehe. Etwas anderes müsse indes gelten, wenn man aufgrund des § 2306 Abs. 1 S. 2 die Ausschlagung nicht dazu führe, dem Ausschlagenden den Pflichtteil zu nehmen. Der Erstberufene (und damit sein Stamm) gehe in diesem Fall nicht leer aus, sondern erhalte den Wert, den er sich dank der Wahlmöglichkeit des § 2306 Abs. 1 S. 2 ausgesucht habe. Würde § 2069 gelten und dennoch der Ersatzberufene zum Zuge kommen, hieße dies, dessen Stamm in doppelter Weise erbrechtlich zu begünstigen[128].

Der BGH bestätigt damit einen unter dem Reichsgericht eingeleiteten Rechtsprechungswandel. Unter ausdrücklicher Aufgabe seines bis dahin vertretenen Standpunktes hatte das RG[129] über einen gleich gelagerten Sachverhalt zu entscheiden und billigte den Abkömmlingen des

---

[126] BGHZ 33, 60 (62).
[127] OLG Frankfurt, Rechtspfleger 1970, 391; OLGZ 82, 271.
[128] BGHZ 33, 60 (62).
[129] RG DNotZ 1941, 424 (426), Nachweise zur älteren Rechtsprechung bei Staudinger-Otte, § 2069 Rdnr. 10.

ausschlagenden Nacherben kein Erbrecht zu. Das RG gewann seine Überzeugung jedoch nicht aus § 2069, sondern aus der Auslegung des hinter einem solchen Testament stehenden gewöhnlich anzunehmenden Erblasserwillens. Danach gehe es in der typischen Konstellation des überlebenden Ehegatten als Vorerben und der Kinder als Nacherben dem Erblasser darum, dem überlebenden Ehegatten den ungeschmälerten Genuss des ganzen Nachlasses zu vermitteln. Im Sinne des Erblassers liege es, durch Einsetzung zu Nacherben die Pflichtteilsberechtigten davon abzuhalten, ihren anderenfalls sofort von dem Vorerben zu berichtigenden Pflichtteil zu verlangen. Lasse sich aus solcher testamentarischen Anordnung deshalb der besondere Wille des Erblassers ableiten, den Vorerben zu schützen, sei es nicht einmal notwendig, den Ausschluss der Abkömmlinge des zunächst Berufenen durch eine besondere Verwirkungsklausel anzuordnen.

Gerade für den Fall, dass nur einer von mehreren zu Nacherben eingesetzten Abkömmlingen ausschlägt, gibt das RG überdies zu bedenken, dass der als Auslegungsregel wiederzufindende Wunsch des Erblassers, alle Stämme gleich zu behandeln, beeinträchtigt würde, billigte man dem Stamm des Ausschlagenden ein Erbrecht zu. Verführe man derart, wäre der Stamm des Ausschlagenden insofern bevorzugt, als er die Hälfte seines gesetzlichen Erbteils sofort als Zahlungsanspruch erhalte, während die übrigen Stämme den Nacherbfall abwarten müssten. Zudem seien die wartenden Nacherben noch mit dem Risiko belastet, dass im Nacherbfall das ihnen zufallende Vermögen weniger wert sei als zur Zeit des Vorerbfalles. Obschon das RG erkannte, dass § 2320 in diesen Fällen im Innenverhältnis für einen gewissen Ausgleich sorgen könne, wies es hierzu darauf hin, dass diese Ausgleichsnorm nicht so weit greife, die den Nacherben treffenden Risiken auszugleichen. Zumindest für den Fall, dass lediglich einer von mehreren Nacherben ausschlage und seinen Pflichtteil verlange, sei dem Wunsch des Erblassers, die Stämme gleich zu behandeln, nicht gerecht geworden, sehe man den Ausschlagenden als „weggefallen" im Sinne des § 2069 an.

Mit anderer Argumentation gelangte Braga[130] zu dem selben Ergebnis wie die Rechtsprechung. Zunächst versuchte er, die Rechtsnatur des Pflichtteilsanspruchs zu bestimmen und sah als Ergebnis im Pflichtteilsrecht ein Stück subjektives Erbrecht verbürgt. Genau dieser Gedanke müsse bei der Auslegung zweifelhafter Vorschriften greifen, gehe es um Rechte des Erben und des Pflichtteilsberechtigten. Braga folgerte

---

[130] Braga, Zur Rechtsnatur des Pflichtteilsrechts, AcP 153, 144 (147 f.).

letztlich, dass der Begriff Pflichtteilsberechtigter nur im technischen Sinne zu verstehen sei, das Gesetz schütze trotz dieser Bezeichnung dennoch seine Interessen in gleicher Weise wie die des Erben. Von dieser Prämisse ausgehend könne der Pflichtteilsberechtigte nicht so angesehen werden, als ob er zur maßgebenden Zeit nicht mehr gelebt habe. Vielmehr rechtfertige seine aktive Beteiligung am Nachlass, den Ausschließungsgrundsatz des § 1924 Abs. 2 auf die Abkömmlinge des ausschlagenden Pflichtteilsberechtigten zu erstrecken. Mit dieser Argumentation konnte Braga von vornherein nicht auf das Problem des § 2069 stoßen, da nach seinem rein begrifflichen Verständnis ein Wegfall nicht vorliegen kann.

Zusammenfassend entscheidet die Rechtsprechung und mit ihr Teile der Literatur mithin nach dem „entweder-oder-Prinzip". Schlägt der pflichtteilsberechtigte Nacherbe aus, fällt er als Erbe nicht weg, so dass § 2069 nicht anwendbar ist. Nur für den Fall, dass der Erblasser anders testiert, in diesem Fall greift § 2069 („im Zweifel") ohnehin nicht, gehen die Abkömmlinge des ausschlagenden Pflichtteilsberechtigten nicht leer aus.

In der Literatur stößt die Rechtsprechung allerdings nicht auf ungeteilte Zustimmung. Insbesondere wendet sie sich gegen die undifferenzierte Annahme, grundsätzlich einen Wegfall des Erstberufenen zu verneinen, wenn der Ausschlagende den Pflichtteil verlangt.

Leipold[131] will gerade umgekehrt den Grundsatz aufstellen, dass § 2069 auch dann gelte, wenn der Ausschlagende pflichtteilsberechtigt sei und den Pflichtteil verlange. Komme es deswegen zu Unbilligkeiten, gewährleiste § 2320, dass die nachrückenden Abkömmlinge den Pflichtteil im Innenverhältnis ohnehin zu tragen hätten.

Höfer[132] folgt der Rechtsprechung zwar für den Fall, dass nur einer von mehreren Nacherben ausschlägt. Abgesehen hiervon greift er indes die Argumentation des BGH an, es dürfe aufgrund der Ausschlagung des Pflichtteilsberechtigten nicht zu einer Doppelberücksichtigung dieses Stammes kommen. Für ihn greift dieses Argument lediglich, soweit eine derartige Doppelberücksichtigung diesen Kindesstamm dem Werte nach besser stellen würde. Zumindest aber bei Erbfällen, in denen keine Nacherbeneinsetzung vorliege, habe das Gesetz über § 2320 einen

---

[131] MüKo-Leipold, § 2069 Rdnr. 13.
[132] Höfer, Zur Anwendung des § 2069 BGB bei Pflichtteilsverlangen nach Erbausschlagung, NJW 1961, 588 (589).

Ausgleichsmodus geschaffen, der es verhindere, einen Stamm zu bevorzugen.

Den Gedanken Höfers, die wertmäßige Gleichbehandlung der Stämme möglichst beizubehalten, greift Otte[133] auf und will die Argumentation der Rechtsprechung zum kategorischen Ausschluss des § 2069 dahingehend korrigiert wissen, als sie nicht dafür sprechen könne, dem Ersatzberufenen nach Maßgabe eines vermuteten Erblasserwillens das Erbe zu entziehen, sofern die Kombination aus Pflichtteilsanspruch des Ausschlagenden und Ersatzberufung den Anteil des Stammes nicht erhöhe. Otte differenziert sodann danach, ob der dem Ausschlagenden hinterlassene Erbteil dem gesetzlichen Erbteil entspreche. Sei dies der Fall, greife § 2320 Abs. 2 korrigierend in das Innenverhältnis ein und der Stamm des Ausschlagenden werde nicht bevorzugt. Liege der hinterlassene Erbteil unter dem gesetzlichen Erbteil, solle der Nachrückende den Pflichtteil nicht voll tragen müssen, da in § 2320 Abs. 2 die Zuwendung des gesetzlichen Erbteils gemeint sei. Dennoch sei auch in diesem Fall die Anwendung des § 2069 möglich, allerdings sei die Anwendung hier mit einer § 2320 Abs. 2 modifizierenden Anordnung nach § 2324 zu verbinden, wonach der Ersatzerbe (Ersatzmann) den Pflichtteil ganz zu tragen habe.

Stellungnahme:

Ist kein abweichender Wille des Erblassers festzustellen, wird seine letztwillige Verfügung dahingehend auszulegen sein, dass der Wegfall eines bedachten Abkömmlings nicht die Zuwendung an den Stamm des Weggefallenen schmälern soll. Die andere Seite der Medaille ist demnach, dass die verbleibenden Stämme durch den Wegfall eines Abkömmlings nicht begünstigt werden sollen.

Bei der Falllösung hat sich der Rechtsanwender diesen vom Gesetz angenommenen mutmaßlichen Erblasserwillen für dessen Ermittlung zu eigen zu machen. Stellt er, wie die Rechtsprechung, nur auf den Aspekt der Begünstigung einer Seite ab, muss er sich den Vorwurf gefallen lassen, zumindest auf einem Auge blind zu sein. Nimmt man einem Stamm das Erbrecht, selbst wenn es auch durch den vorab ausgekehrten Pflichtteil geschmälert wäre, so begünstigt man womöglich die verbleibenden Stämme, ohne dass diese Ungleichbehandlung zwingend vom Erblasser

---

[133] Staudinger-Otte, § 2069 Rdnr. 11.

gewollt gewesen sein muss. Ein einfach gelagerter Sachverhalt mag dies veranschaulichen.

Bsp. 12: Erblasser E setzt seine Zugewinnehefrau F zur Vorerbin, seine Söhne A und B zu Nacherben ein. B hat zwei Kinder, schlägt die Nacherbschaft aus und verlangt seinen Pflichtteil. Der Nachlasswert beträgt zur Zeit des Vorerbfalles 100.000,-- €, im Nacherbfall noch 87.500,-- €, denn 12.500,-- € musste die F an den B zur Erfüllung dessen Pflichtteilanspruchs aufwenden.

---

§ 2142 Abs. 2 bestimmt zunächst, dass bei einer Ausschlagung durch einen Nacherben die Erbschaft dem Vorerben verbleiben soll. Eingeschränkt wird dies wiederum durch den Vorbehalt anderweitiger Bestimmung durch den Erblasser. Als solche kommt einmal die stillschweigende Berufung der Abkömmlinge eines weggefallenen Abkömmlings nach § 2069 in Betracht. Abweichend hiervon vertrat indes das BayObLG die Auffassung, dass dem verbleibendem Mitnacherben ein Anwachsungsrecht nach § 2094 zustehen und dieses dem Vorerbenrecht nach § 2142 Abs. 2 vorgehen könne[134]. In seinen Entscheidungsgründen ging es auch auf die Entscheidung des BGH ein, meinte aber, die Anwendung des § 2094 werde durch die in der Entscheidung vorgenommene Einschränkung des Merkmals „Wegfall" in § 2069 nicht berührt. Diese Einschränkung habe nur Bedeutung für die Auslegung des § 2069. Für die Anwendung des § 2094 wiederum sei es gleichgültig, ob ein Miterbe lediglich ausschlage oder gleichzeitig den Pflichtteil verlange[135].

Folgt man dieser Rechtsprechung, ist B durch die Ausschlagung nicht weggefallen im Sinne des § 2069, seine Abkömmlinge rücken nicht in seine Erbenposition auf. Stellt man sich sodann mit dem BayObLG auf den Standpunkt, regelmäßig wachse dem verbleibenden Nacherben das Nacherbrecht an, kommt es im Beispielsfall zu folgendem Ergebnis: Vom Ursprungsvermögen erhält der Stamm des A 87,5 %, während der Stamm des B lediglich 12,5% bekommt, obwohl der Erblasser beide Stämme in gleicher Höhe bedacht wissen wollte.

Schon dieses Ergebnis lässt Zweifel daran aufkommen, ob es bei der „alles-oder-nichts-Rechtsprechung" verbleiben kann. Insbesondere hat dies zu

---

[134] BayObLG, FamRZ 1962, 538 (540); AK-Pardey, §§ 2139 – 2143 Rdnr. 12; Palandt-Edenhofer, § 2142 Rdnr. 2; Soergel-Harder, § 2142 Rdnr. 15; a.A. MüKo-Grunsky, § 2142 Rdnr. 5.
[135] BayObLG, FamRZ 1962, 538 (540).

gelten, kombiniert man wie das BayObLG[136] die Einschränkung des § 2069 mit einem Anwachsungsrecht des verbleibenden Stammes. Verkürzt wiedergegeben hatte sich das BayObLG mit folgendem Sachverhalt zu befassen:

Bsp. 13 (nach BayObLG, FamRZ 1962, 538 ff.): Unbeschadet der Ansprüche etwaig Pflichtteilsberechtigter setzten sich der Erblasser E und seine Ehefrau F in einem gemeinschaftlichen Testament zu alleinigen und ausschließlichen Erben ein. Hinsichtlich seines Nachlasses bestimmte der Erblasser zudem, dass seine beiden Söhne S1 und S2 Nacherben zu gleichen Teilen werden sollten. Weiterhin heißt es in dem Testament: „Zu Ersatzerben ... bestimmen wir die Abkömmlinge der Erben ... zu unter sich gleichen Teilen. Nach dem Tod des E schlug S1 aus. Das Nachlassgericht stellte sodann die Erteilung eines Erbscheins in Aussicht, wonach alleiniger Nacherbe der S2 sein sollte, dessen Abkömmlinge sollten Ersatzerben sein.

Im Einklang mit der Rechtsprechung des BGH[137] legte das BayObLG[138] zunächst § 2069 einschränkend aus und ging von einer tatsächlichen Vermutung aus, dass die nach dieser Vorschrift als Ersatznacherben in Betracht kommenden Abkömmlinge des Nacherben insoweit von der Erbfolge ausgeschlossen sein sollen, als ein Nacherbe die Nacherbschaft ausschlägt und den Pflichtteil verlangt. Dies gelte auch dann, wenn der Erblasser ausdrücklich die Abkömmlinge seiner Kinder zu Ersatznacherben bestimmt habe. Hier sei kein Grund ersichtlich, weshalb die Fälle der ausdrücklichen Ersatznacherbfolge anders behandelt werden sollten als jene, in denen § 2069 greife. Hinsichtlich des ausgeschlagenen Nacherbteils gehe sodann das Anwachsungsrecht des Mitnacherben dem Anrecht des Vorerben nach § 2142 Abs. 2 vor. Mithin bestätigte das BayObLG die Rechtsauffassung des Nachlassgerichtes.

Diesem Standpunkt haften allerdings Bedenken an. § 2069 soll gewährleisten, dass der Wille des Erblassers, die nachfolgenden Stämme gleich zu behandeln, durchgesetzt wird. Deshalb erfasst § 2069 all die Ereignisse, aufgrund deren der Anfall der Zuwendung an den vom Erblasser im Testament bedachten Abkömmling nicht eintreten kann[139].

---

[136] BayObLG, FamRZ 1962, 538 (540) unter Berufung unter anderem auf RG DNotZ 1941, 424 (426).
[137] BGHZ 33, 60 (62).
[138] BayObLG, FamRZ 1962, 538 (539 f.).
[139] MüKo-Leipold, § 2069 Rdnr. 8.

Keine Rolle spielt es, wenn das Ereignis erst nach dem Erbfall eintritt, jedoch auf den Zeitpunkt des Erbfalles zurückwirkt, wie es bei der Ausschlagung der Erbschaft der Fall ist (§ 1952 Abs. 2,3)[140]. Wenn die Abkömmlinge des Ausschlagenden nicht nachrücken sollen, muss dies entsprechend der im Gesetz zum Ausdruck kommenden Wertung die zu rechtfertigende Ausnahme, nicht die Regel sein. §§ 1953 und 2099 belegen zusätzlich, dass dem Gesetz im Sinne einer Gleichbehandlung der Stämme vorschwebt, das Recht des Nachrückenden zu wahren. Einzig § 2349, der bei Fehlen einer entgegenstehenden Anordnung bestimmt, dass sich ein Erbverzicht auch auf die Abkömmlinge des Verzichtenden erstreckt, macht von diesem Grundsatz eine Ausnahme, wobei dies als Gegenargument nicht herangezogen werden kann, da diese Regelung den Spezialfall eines Erbverzichts betrifft.

Keine Probleme bereitet es, die Abkömmlinge des ausschlagenden Erstberufenen von der Erbfolge auszuschließen, sofern der Erblasser für den Fall, dass ein Nacherbe seinen Pflichtteil verlangt, eine entsprechende Verwirkung des Erbrechts anordnet. Ist derartiges allerdings nicht verfügt, unterstellt Loritz[141] dem Erblasser bei angeordneter Vorerbschaft aus Versorgungsgesichtspunkten den Willen, dass im Falle eines Pflichtteilsverlangens der Nacherben deren Stämme grundsätzlich von der Erbfolge ausgeschlossen sind. Er begründet dies mit der Pflichtteilslast, die der Vorerbe zu tragen habe und der zusätzlich bestehenden Belastung durch die Nacherbschaft.

Soweit wird man Loritz nicht folgen können. Die Erhebung von Pflichtteilsansprüchen bedeutet nicht notwendig, dass die materielle Versorgung des Vorerben gefährdet ist[142]. Zusätzlich ist zu berücksichtigen, dass die Anordnung von Vor- und Nacherbschaft gerade im Familienverbund auch den Zweck erfüllt, das Familienvermögen durch Bindung des Erstberufenen zu erhalten. Ziel ist es regelmäßig, den Nacherben die Erbschaftssubstanz in ihrem Wert möglichst ungeschmälert zukommen zu lassen[143]. Konzentriert sich die Auslegung der letztwilligen Verfügung nur auf die Interessen des Vorerben, wird nicht hinreichend berücksichtigt, dass es dem Erblasser regelmäßig auch um diesen Zweck bei der Anordnung der Vor- und Nacherbschaft zu tun war. Zurecht

---

[140] MüKo-Leipold, § 2069 Rdnr. 13.
[141] Soergel-Loritz, § 2069 Rdnr. 19.
[142] Vgl. OLG Zweibrücken, OLGZ 83, 3 (9).
[143] Soergel-Harder, vor § 2100 Rdnr. 2.

zweifelt daher das OLG Zweibrücken[144] an, aus dem Argument, der Erblasser habe dem Vorerben den uneingeschränkten Genuss des gesamten Nachlasses mitteln wollen, grundsätzlich abzuleiten, der Erblasser habe im Falle des Pflichtteilsverlangens eines Nacherben auch gewollt, dass dessen Abkömmlinge nicht als Ersatznacherben berufen seien.

Gerechtfertigt wäre es indes, die von der Rechtsprechung vorgenommene unterschiedliche Behandlung beider Fälle (Ausschlagung durch pflichtteilsberechtigten Vorerben/Nacherben) aufrecht zu erhalten, sofern die Kombination aus Pflichtteilsverlangen und Erbanspruch der Ersatzerben dazu führte, diesen Stamm einem anderen gegenüber zu bevorzugen. Dies verhindern jedoch die Ausgleichsvorschriften über die Verteilung der Pflichtteilslast. Im Rahmen der internen Auseinandersetzung zieht § 2320 Abs. 2 den nachrückenden Erben die Schranke, die verhindert, dass ein Stamm einem anderen gegenüber bevorzugt oder spiegelbildlich benachteiligt wird.

Zudem ist es nicht notwendig, dabei stehen zu bleiben, dies dürfe nur gelten, sofern alle Nacherben ausschlagen. Das dafür stets vorgetragene Argument, widrigenfalls erziele der Stamm des Ausschlagenden insofern einen Sondervorteil, als der Pflichtteilsanspruch von einer Schmälerung des Nachlasses in der Zeit zwischen Erbfall und Nacherbfall nicht berührt werde, der Ersatzerbe aber von einem Wertzuwachs des Nachlasses profitiere[145], ist zwar plakativ, kann die bislang vollzogene richterliche Spruchpraxis hingegen nicht rechtfertigen. Es ist nämlich bei genauerer Betrachtung zweifelhaft, ob der Stamm des Ausschlagenden im Vergleich zu den anderen Stämmen einerseits von dem Risiko einer Nachlassminderung verschont bleibt, andererseits aber die Chance eines Wertzuwachses hat. Vorgespiegelt wird hier eine vermeintliche Doppelbegünstigung, die in Wirklichkeit keine sein muss, da sich aufgrund der Ausgleichsbestimmungen über die Pflichtteilslast die Auseinandersetzung der künftigen Erbengemeinschaft derart gestaltet, dass die Ersatzerben diese Last, die der Vorerbe schon erfüllte, letztlich zu tragen haben. Soweit in der Literatur angenommen wird, hier werde ein Stamm gegenüber einem anderen unvereinbar mit dem Willen des Erblassers begünstigt, ist dieses Argument in der Schärfe nicht angebracht. An den folgenden Beispielen eines Steigens und Fallens des Nachlasswertes nach dem Erbfall vermag dies deutlich zu werden:

---

[144] OLG Zweibrücken, OLGZ 83, 3 (7f.).
[145] Staudinger-Otte § 2069 Rdnr. 11; Höfer, (Fn 132), NJW 1961, 588 (589).

Bsp. 14 : gleicher Sachverhalt wie Beispiel 12, der Nachlasswert bei dem Vorerbfall beträgt 100.000,-- €, der Wert des Nachlasses bei dem Nacherbfall 200.000,-- €.

Bsp. 15 : Gleicher Sachverhalt wie zuvor, nur beträgt der Wert des Nachlasses im Nacherbfall 50.000,-- €.

Für die Lösung beider Fälle wird unterstellt, dass die Kinder des B nach § 2069 als Ersatznacherben berufen sind, hierin also eine andere Bestimmung im Sinne des § 2142 Abs. 2 liegt.

Beide Male beläuft sich der Pflichtteilsanspruch des B auf 12.500,-- €. In Beispiel 14 erhalten die Ersatznacherben und A zunächst 100.000,-- €. Da die Ersatznacherben indes die Pflichtteilslast, die die Vorerbin bereits berichtigt hatte, endgültig übernehmen sollen, wird der von ihr gezahlte Betrag zwischen den Nacherben derart verteilt, dass die Ersatznacherben ihn tragen müssen.

Beispiel 14 löst sich daher wie folgt auf:

Pflichtteilsanspruch des B:	12.500,-- €
Im Nacherbfall erhalten die Ersatzerben und	
der A grundsätzlich entsprechend ihrer Quote:	100.000,-- €
Für den Erbschaftserwerb des B muss der	
Vorerwerb des Stammes der Ersatzerben	
hinzugerechnet werden, so dass A nach der	
Formel $\dfrac{200.000,-- € + 12.500,-- €}{2}$	106.250,-- €
erhält, während die Ersatzerben nur	93.750,-- €
bekommen. An dem insgesamt beiden Stämmen	
zugeflossenen Betrag von	212.500,-- €
sind beide Stämme damit in gleicher Höhe beteiligt.	

Beispiel 15 löst sich folgendermaßen:

Pflichtteilsanspruch des B:	12.500,-- €
Im Nacherbfall erhalten die Ersatzerben	
und der A grundsätzlich entsprechend ihrer Quote:	25.000,-- €
Für den Erbschaftserwerb des B muss der	
Vorerwerb des Stammes der Ersatzerben	

hinzugerechnet werden, so dass B nach der

Formel $\underline{\frac{50.000,-- € + 12.500,-- €}{2}}$ 31.250,-- €

erhält, während die Ersatzerben nur   18.750,-- €
bekommen. An dem insgesamt beiden Stämmen
zugeflossenen Betrag von   62.500,-- €
sind beide Stämme damit in gleicher Höhe beteiligt.

Der Sondervorteil, der nunmehr noch existiert, liegt darin, dass der Stamm des Ausschlagenden in Höhe der Pflichtteilsforderung sofort eine Zuwendung erhält und mit dem Geld entsprechend disponieren kann. Dem kann begegnet werden, wenn ähnlich der Vorgehensweise bei Ausgleichung unter Miterben nach § 2055 vorgegangen wird[146]. Anders als bei der Durchführung der Ausgleichung unter Miterben muss hier allerdings eine Verzinsung ab Zufluss der Zuwendung berücksichtigt werden. Denn die unter Miterben auszugleichende Zuwendung sollte dem künftigen Miterben bereits vor dem Erbfall zugute kommen[147], während der Nacherbe nur durch die Ausschlagung in den Genuss einer frühzeitigen Zuwendung gelangte. Für die Wertberechnung ab dem Zeitpunkt der Erfüllung des Pflichtteilsanspruchs ist daher ein gewöhnlich zu erzielender Marktzins zugrunde zu legen. Vergehen in Beispiel 14 zwischen Erfüllung des Pflichtteilsanspruchs und Nacherbfall 10 Jahre, so sieht die Berechnung bei angenommener jährlicher Verzinsung von 4% wie folgt aus:

Pflichtteilsanspruch des B: 12.500,-- €
Zinsen/Jahr   500,-- €
10 Jahre * 500,-- €/Jahr   5.000,-- €

Im Nacherbfall erhalten die Ersatzerben
und der A grundsätzlich entsprechend ihrer Quote: 100.000,-- €
Für den Erbschaftserwerb des A muss der
Vorerwerb des Stammes der Ersatzerben
zuzüglich der Verzinsung hinzugerechnet
werden, so dass A nach der Formel

$\underline{\frac{200.000,-- € + 17.500,-- €}{2}}$ 108.750,-- €

erhält, während die Ersatzerben nur   91.250,-- €
bekommen. An dem insgesamt beiden Stämmen

---

[146] Grundlegend hierzu Meincke, Zum Verfahren der Miterbenausgleichung, AcP 178, S. 45 ff.
[147] MüKo-Dütz, § 2055, Rdnr. 13.

zugeflossenen Betrag von   217.500,-- €
sind beide Stämme damit in gleicher Höhe beteiligt.

Die Auffassung der Rechtsprechung, dass die Ausschlagung des
pflichtteilsberechtigten Nacherben grundsätzlich keinen Wegfall im Sinne
des § 2069 bedeute, ist folglich abzulehnen. Die hierfür vorgebrachten
Argumente tragen, wie die Beispiele 14 und 15 belegen, nicht. Von einem
Wegfall ist daher nur auszugehen, wenn sich dieses aus der letztwilligen
Verfügung ergibt, der Erblasser dies also entsprechend anordnete.

a) Der maßgebliche Erbteil des Pflichtteilsberechtigten

§ 2320 Abs. 2 legt fest, dass die Rechtsfolgen des § 2320 Abs. 1 im
Zweifel auch für denjenigen gelten, dem der Erblasser den Erbteil des
Pflichtteilsberechtigten zugewendet hat. Dabei stellt sich die Frage, was mit
dem Erbteil des Pflichtteilsberechtigten gemeint ist. Einmal bietet sich an,
auf den Verbleib des dem Pflichtteilsberechtigten zugedachten (dann aber
ausgeschlagenen) Erbteils abzustellen. Möglich ist aber auch, das
Tatbestandsmerkmal so auszulegen, dass darunter der gesetzliche Erbteil
des Pflichtteilsberechtigten zu verstehen ist.

> Bsp. 16 (nach BGH NJW 1983, S. 2378; Vorinstanz OLG
> München): Der Erblasser E hinterließ die Ehefrau F, mit der er
> Gütertrennung vereinbart hatte, und eine aus einer Vorehe
> stammende Tochter T, Mutter des Erblasserenkels A. Im Testament
> setzt E seine Ehefrau zu 51% als Erbin, seine Tochter T hinsichtlich
> des verbleibenden Teils zur Vorerbin ein. Zum Nacherben setzt er A
> ein. Beinahe den gesamten Nachlass wendet E seiner Ehefrau F als
> Vorausvermächtnis zu. T schlägt aus und verlangt von F ihren
> Pflichtteil, den diese auskehrt. Im Regresswege versucht F, sich über
> § 2320 Abs. 2 bei A zu erholen.

Nacherbe A ist im Zweifel als Ersatzerbe eingesetzt (§ 2102 Abs. 2), der
persönliche Anwendungsbereich des § 2320 Abs. 2 ist damit eröffnet.

Aus dem Umstand, dass A den seiner Mutter zugedachten Erbteil erlangt
habe, folgert das OLG München, dass A auch die Pflichtteilslast im
Innenverhältnis zur Miterbin F allein tragen müsse[148]. Für die

---

[148] Siehe Entscheidungsgründe BGH NJW 1983, 2378.

Beantwortung der Frage, was unter dem Erbteil des Pflichtteilsberechtigten zu verstehen ist, heißt dies zwangsläufig, dass das OLG der Auffassung sein musste, im Rahmen des § 2320 Abs. 2 sei der testamentarisch dem Pflichtteilsberechtigten zugedachte Erbteil maßgebend. Mithin soll § 2320 Abs. 2 unabhängig davon greifen, in welcher Höhe der testamentarisch dem Pflichtteilsberechtigten zugewandte Erbteil angeordnet ist. Aus diesem hat der nachrückende Erbe den Pflichtteil vollständig zu entrichten, allenfalls beschränkt durch die Höhe des ihm erwachsenen Vorteils.

Der BGH[149] rügt diese Auffassung ausdrücklich als falsch. Auch die übrige Rechtsprechung widerspricht einer solchen Auslegung des Tatbestandsmerkmals „Erbteil des Pflichtteilsberechtigten". Insbesondere wird zur Begründung auf die Entstehung der Vorschrift abgestellt, die sich schon das RG[150] als Argument zu eigen machte. Im Entwurf vorgesehen war allein die Bestimmung des § 2320 Abs. 1 (§ 1995 des I. Entwurfs); diese Vorschrift bezweckt, den Erblasserwillen über die Verteilung der Pflichtteilslast bei gesetzlicher Erbfolge auszulegen. In der Begründung, den Antrag zu erweitern und eine Bestimmung des heutigen Abs. 2 einzuführen, wurde angemerkt, dass der innere Grund bei gesetzlicher Erbfolge der gleiche wie bei gewillkürter Erbfolge sei. Wörtlich heißt es:

„Wer den Vortheil habe, müsse auch die auf dem Erbtheile ruhenden Lasten tragen[151]."

§ 2320 Abs. 2 wurde sodann letztlich aus Vorsichtsgründen aufgenommen, um zu verhindern, dass gewillküte und gesetzliche Erbfolge in diesem Punkte unterschiedlich behandelt werden. Denn obschon § 2320 Abs. 1 nur dispositiv sei, werde der dahinter steckende Gedanke möglicherweise verkannt und es werde in den Fällen, wo es um gewillküte Erbfolge gehe, im Wege eines argumentum e contrario der Schluss gezogen, es gelte das Gegenteil wie bei gesetzlicher Erbfolge[152].

---

[149] BGH NJW 1983, 2378.
[150] RG JW 1918, 767 (769), hier lag der Sachverhalt so, dass der Erblasser seine Ehefrau und drei seiner Kinder zu Erben zu je ¼ einsetzte, während er seinen übrigen drei Kindern nur den Pflichtteil als Vermächtnis zuwandte. Hier drang der von der Ehefrau eingesetzte Testamentsvollstrecker mit seiner Auffassung durch, dass die drei Miterben der Ehefrau die Pflichtteilslasten zu tragen hätten.
[151] Protokolle V, S. 549.
[152] Protokolle V, S. 550.

Unter zweimaligem Hervorheben, dass sich aus der zu beurteilenden letztwilligen Verfügung anderes nicht ergebe, leitete das RG[153] aus dieser Gesetzesentstehung ab, bei der Frage, ob und in welcher Höhe den einzelnen der eingesetzten Personen der Erbteil des Ausgeschlossenen zugewendet sei, sei von der Höhe der gesetzlichen Erbteile auszugehen, wie sie sich ohne die Ausschließung gestaltet haben würden. Die nachfolgende Rechtsprechung[154] berief sich weitgehend, ohne sich in der Sache mit der aufgeworfenen Frage auseinanderzusetzen, auf dieses reichsgerichtliche Urteil. Die Literatur[155] folgt dem.

Stellungnahme:

Die Schlussfolgerung des RG aus der Entstehung des Gesetzes scheint für die hier interessierende Frage zu weit gezogen, um die für die gesetzliche Erbfolge in § 2320 Abs. 1 einschlägige Auslegung des Erbteilsbegriffes auf den durch § 2320 Abs. 2 ergänzend geregelten Fall der gewillkürten Erbfolge auszudehnen. Zunächst bleibt bei § 2320 Abs. 1 kein anderer Vergleichsmaßstab als der gesetzliche Erbteil möglich, da das Gesetz – und nur dies gilt bei gesetzlicher Erbfolge - andere Bezugsgrößen nicht hergibt. Für die zu § 2320 Abs. 1 entwickelten Fallgruppen ergibt sich daher von selbst, dass nur der gesetzliche Erbteil gemeint sein kann, denn in allen Konstellationen fällt gerade der gesetzliche Erbteil des Pflichtteilsberechtigten weg, in den die Nachrückenden eintreten.

Schon deshalb kann die Auslegung des Begriffes Erbteil in § 2320 Abs. 1 nicht präjudiziell für die des Abs. 2 dieser Vorschrift sein, da bei gewillkürter Erbfolge – abgesehen von dem Fall, dass der Erblasser den Ersatzmann auf den gesetzlichen Erbteil des Pflichtteilsberechtigten setzt – dieser Umstand nicht gegeben ist. Vielmehr hat der Erblasser in Ausübung seiner Testierfreiheit ein System der Vermögenszuordnung geschaffen, in das störend eingegriffen würde, übertrüge man unreflektiert den für die gesetzliche Erbfolge geltenden „Erbteilsbegriff". Unzulässig ist dies insbesondere deshalb, weil es auf diese Weise einem Stamm zu Lasten eines an der Ausschlagung zunächst unbeteiligten Stammes gestattet wäre, die vom Erblasser eindeutig festgelegte Vermögenszuordnung zu zerstören und so seinen letzten Willen zu brechen.

---

[153] RG JW 1918, 767 (769).
[154] RG DR 1941, 441 (442), BGH NJW 1983, 2378.
[155] AK-Däubler § 2320 Rdnr. 5; MüKo-Frank, § 2320 Rdnr. 8; Staudinger-Haas, § 2320 Rdnr.12; Dieckmann, Anm. zu BGH NJW 1983, 2378 in FamRZ 1983, 1015 (1016).

Schlägt beispielsweise der pflichtteilsberechtigte Vorerbe aus, soll mangels anderslautender letztwilliger Verfügung, an der es nach den Kriterien der Rechtsprechung regelmäßig fehlen dürfte, ein vom Erblasser eingesetzter Stamm anteilig mit Pflichtteilslasten aus einem anderen Stamm belastet werden. Dieser Stamm hingegen, bei dem der Vorerbe und Erstberufene den Erblasserwillen durchkreuzt, wird im gleichen Zuge durch die anteilige Verpflichtung des insofern unbeteiligten Stammes, die Pflichtteilslast zu tragen, noch prämiert. So entschied der BGH den dem Beispiel 16 zugrundeliegenden Fall dahin, dass die Erbin zu 1/50 die Pflichtteilslast zu tragen habe. Ein Ergebnis, das sich, wenn sich aus der letztwilligen Verfügung kein anderer Anhaltspunkt ergibt, schwerlich mit dem vereinbaren lässt, was der Erblasser gewollt haben wird. Ihm ging es darum, der Erbin 51% und dem Stamm seiner Tochter 49 % seines Vermögens zuzuwenden. Daran sollte auch der Wegfall der erstberufenen Tochter nichts ändern. Bleibt man bei der bisherigen Auslegung des § 2320 Abs. 2 stehen, wird der Erblasserwille nicht, wie es für den dispositiven oder ergänzenden Charakter der Norm verpflichtend ist, weiter gedacht, sondern schlicht vereitelt. Die angebliche Doppelberücksichtigung eines Stammes, die der Rechtsprechung an anderer Stelle[156] als Argument dazu dient, einen Wegfall im Sinne des § 2069 auszuschließen, wird hier, obwohl ein Teil des Pflichtteilsanspruches entgegen der vom Erblasser gewollten Vermögenszuordnung aus einem unbeteiligten Stamm gespeist wird, als zu gewichtendes Argument vernachlässigt.

Ursache der hier kritisierten Rechtsprechung dürfte sein, dass sie das in der Gesetzesbegründung[157] angeführte befürchtete „argumentum e contrario" in seinem Anwendungsbereich zu weit zieht. Dem Gesetzgeber ging es seinerzeit nur darum sicherzustellen, dass sich auch bei gewillkürter Erbfolge – vorbehaltlich anders lautender Bestimmungen des Erblassers – der anzunehmende Wille des Erblassers durchsetzt, denjenigen, der an Stelle des Pflichtteilsberechtigten einen Erbschaftsbruchteil erlangt, den übrigen Miterben gegenüber zur Entrichtung des Pflichtteils zu verpflichten. Der Gesetzgeber befürchtete, möglicherweise zurecht[158], dass

---

[156] BGHZ 33, 60 (62).
[157] Protokolle V, S. 549.
[158] Nach den Protokollen V, S. 549 f. gab es aber auch anders lautende Stimmen, die dieses Befürchtung nicht hegten. Danach sei die Vorschrift unnötig. Das Gesetz habe nur für den Fall Vorsorge zu treffen, dass gesetzliche Erbfolge eintrete. Bei letztwilligen Verfügungen könne der Erblasser selbst die notwendigen Anordnungen treffen. Außerdem gehe der Antrag nach seiner Fassung zu weit. Der Ausdruck: „Wer an Stelle des Pflichtteilsberechtigten Erbe wird", passe nicht bei der gesetzlichen Erbfolge. Wolle

mangels Bestimmung für die gewillkürte Erbfolge die Schlussfolgerung gezogen werden könne, die eingesetzten Erben müssten die Pflichtteilslast ohne nähere Bestimmung über deren Aufschlüsselung zu gleichen Teilen tragen. In diesem wegen seiner Klarstellungsfunktion berechtigten Anliegen endet die Reichweite der Begründung zur Einführung des § 2320 Abs. 2 und damit auch dessen Parallele zu Abs. 1 der Vorschrift. Über die Frage, was mit Erbteil des Pflichtteilsberechtigten gemeint ist, verhält sich die Gesetzesbegründung gerade nicht. Sichergestellt wird durch § 2320 Abs. 2 bei gewillkürter Erbfolge damit nur das „ob" der Inanspruchnahme des Nachrückenden durch die Miterben. Für die Frage, ob es sich bei dem Erbteil des Pflichtteilsberechtigten um den gesetzlichen oder testamentarischen handelt, ist diese Entscheidung des Gesetzgebers ohne Belang. Entgegen der Auffassung, den Erbteil des Pflichtteilsberechtigten statisch als dessen gesetzlichen Erbteil auszulegen, ist vielmehr darauf abzustellen, wie der Erblasser sein Vermögen verteilt wissen wollte. Im vom BGH[159] entschiedenen Fall (siehe Beispiel 16) brachte der Erblasser dies hinreichend dadurch zum Ausdruck, dass er Personen/Personengruppen zu bestimmten Erbquoten einsetzte.

Eine inhaltliche Auseinandersetzung damit, warum im Gefüge gewillkürter Erbfolge mit Erbteil im Rahmen des § 2320 Abs. 2 gerade der gesetzliche Erbteil des Pflichtteilsberechtigten gemeint sein soll, bleibt die h.M. letztendlich schuldig. Argument ist hier stets die Berufung auf zwei reichsgerichtliche Urteile, die in ihren Entscheidungsgründen allerdings auch einer Auseinandersetzung mit diesem Problem entbehrten[160]. Ausgangspunkt für eine Lösung sollte der Grundsatz sein, dass innerhalb der begünstigten Stämme eine Ausgleichung zu erfolgen hat, wenn aufgrund der Ausschlagung eines zuvor eingesetzten pflichtteilsberechtigten Erben ein Pflichtteilsanspruch entsteht. Gewährleistet wird dies nur dadurch, dass man unter dem Erbteil des Pflichtteilsberechtigten den dem Pflichtteilsberechtigten testamentarisch zugedachten Erbteil versteht. Widrigenfalls überließe man es einer Erbengruppe zu eigenen Gunsten in die Rechtsstellung einer anderen Erbengruppe einzugreifen. Gegen derartiges kann sich die an der

---

man eine Vorschrift geben, so müsse dieselbe als Auslegungsregel gekennzeichnet und an engere Voraussetzungen geknüpft werden. Insbesondere gehe es zu weit, wenn man, wie angedeutet sei, die Voraussetzung so fassen würde, dass jeder, der vom Erblasser deshalb etwas bekomme, weil der Erblasser einen anderen ausschließe, nach Maßgabe des § 1995 des 1. Entwurfes zum Bürgerlichen Gesetzbuch die Pflichtteilslast zu tragen habe.

[159] BGH NJW 1983, 2378.
[160] RG JW 1918, 767 (769); RG DR 1941, 441 (442).

Ausschlagung nicht beteiligte Erbengruppe nicht einmal zur Wehr setzen – ein kaum zu vertretendes Ergebnis.

Rechtsprechung und Literatur ist mit ihrem undifferenzierten Standpunkt allenfalls in Fällen zu folgen, in denen bei der Erbeinsetzung ein Stamm bedacht, ein anderer ausgeschlossen und ein Familienfremder Miterbe wurde. Bei solcher Konstellation begünstigt der Pflichtteilsanspruch nämlich nicht die Kombination aus dem Erbteil des Familienfremden und Pflichtteil. Von der Vermögenszuordnung durch den Erblasser ist hier nicht vorgegeben, den Pflichtteilsanspruch im Erbteil des Familienfremden auszugleichen. Weil überdies aus dem Ausschluss eines Stammes von der Erbfolge nicht zwingend abzuleiten ist, dass der begünstigte Stamm von Pflichtteilslasten verschont bleiben soll, mag es zutreffend sein, lückenfüllend auf den gesetzlichen Erbteil des Pflichtteilsberechtigten zurückzugreifen, da für einen testamentarisch dem ausgeschlossenen Pflichtteilsberechtigten zugedachten Erbteil keine Kriterien greifbar sind. Sonst ist jedoch auf die Entscheidung des Erblassers abzustellen, die sich in einer eindeutigen Zuordnung der Erbquoten an bestimmte Personen oder Personengruppen manifestiert.

Wie bekannt entschied der BGH, dass die Ehefrau F aufgrund ihrer Erbquote von 51% und des gesetzlichen Erbteils der Vorerbin von ½ 1/50 der Pflichtteilslast zu tragen habe. Mit dem Erblasserwillen verträgt sich dieses Ergebnis nicht, da auf diese Weise in die an Personen/Personengruppen (Erbe auf der einen Seite, Vor- und Nacherbe auf der anderen Seite) orientierte Vermögenszuordnung zu Lasten des Erben eingegriffen wird, der an dem stammintern auszugleichenden Vorgang der Ausschlagung durch den Vorerben nicht zu beteiligen ist. Nach der hier vertretenen Auffassung kann dieses Ergebnis keinen Bestand haben und die Erbin F ist im Innenverhältnis von der Pflichtteilslast gänzlich freizustellen.

b) Der Zuwendungsbegriff

Um zur Anwendung des § 2320 Abs. 2 zu gelangen, wird zudem verlangt, dass der Erblasser den ehedem dem Pflichtteilsberechtigten zugedachten Erbteil einem anderen, dem „Ersatzmann", zugewendet haben muss.

Hinsichtlich dieses Tatbestandsmerkmals ist umstritten, ob eine bewusste und gewollte Ersetzung eines Pflichtteilsberechtigten durch Zuwendung des diesem (vom Gesetz) zugedachten Erbteils erforderlich ist oder ob die Zuwendung nicht mehr voraussetzt, als dass jemand aus der Enterbung eines Pflichtteilsberechtigten objektiv einen Vorteil gezogen hat, weil er an dessen Stelle Erbe geworden ist.

Überwiegend ist das Schrifttum[161] der Ansicht, es müsse ein subjektiver Bezug in der letztwilligen Verfügung zum Ausdruck gekommen sein. Hierzu beruft es sich auf Äußerungen der Kommission für die 2. Lesung des BGB-Entwurfes. Der Vorschlag, denjenigen im Innenverhältnis auf den Pflichtteil haften zu lassen, der an Stelle des Pflichtteilsberechtigten Erbe wird, wurde bekanntlich[162] mit der Begründung zurückgewiesen, es gehe zu weit, die Bestimmung nahezu voraussetzungslos so zu fassen, dass jeder, der etwas bekomme, weil der Erblasser einen Pflichtteilsberechtigten ausschließe, die Pflichtteilslast nach dieser Vorschrift zu tragen habe.

Um diesem Einwand gerecht zu werden, ist die heutige Fassung der Vorschrift beschlossen worden. Geprägt gewesen sein dürfte diese Änderung insbesondere dadurch, dass nach dem Preußischen Allgemeinen Landrecht als Ausnahme zu dem Prinzip der verhältnismäßigen Verteilung der Pflichtteilslast im 2. Teil, 2. Titel in § 435 bestimmt war:

„Hat der Erblasser den dem enterbten Kinde entzogenen Erbtheil einem der Miterben oder Legatarien ausdrücklich beschieden: so muß dieser allein das zur Ungebühr enterbte Kind abfinden. "

In der Literatur weichen allerdings die Auffassungen, wann der Erblasser bewusst und gewollt den Erbteil des Pflichtteilsberechtigten einem anderen zugewendet hat, voneinander ab. Greiff[163] war der Ansicht, im Rahmen des § 2320 Abs. 2 bedürfe es einer ausdrücklichen Anordnung oder aber einer „erkennbaren" Absicht grundsätzlich nicht. Ihm genügte es, wenn einem gesetzlichen Miterben ein größerer als sein gesetzlicher Erbteil beschieden wird, bei einem nicht gesetzlichen Miterben sollte es ausreichend sein, wenn ihm der Erbteil des Pflichtteilsberechtigen ausdrücklich (als Erbe oder Ersatzerbe) zugewendet oder wenn er mit dem Pflichtteilsberechtigten auf einen gemeinsamen Erbteil eingesetzt und der Anteil des Letzteren von diesem ausgeschlagen sei und dem nicht gesetzlichen Miterben nach § 2094 anwachse.

---

[161] MüKo-Frank § 2320 Rdnr. 8; Soergel-Dieckmann, § 2320 Rdnr. 3; Windscheid/Kipp, Lehrbuch des Pandektenrechts, S. 426.
[162] Protokolle V, S. 549.
[163] Planck-Greiff, § 2320 Anm. 3.

Abweichend hiervon wollten Ferid-Cieslar[164] es zur Annahme einer Zuwendung nicht ausreichen lassen, wenn ausschließlich wegen der Erbeinsetzung anderer Personen ein gesetzlicher Erbe auf seinen Pflichtteil gesetzt werde.

Pentz[165] hingegen lehnt es strikt ab, subjektive Vorstellungen des Erblassers ausschlaggebend sein zu lassen. Sei der Ersatzmann durch Erbeinsetzung in dessen Position eingerückt, habe er den Pflichtteilsanspruch des ausgeschiedenen Erben allein zu befriedigen. Seiner Auffassung zufolge böten Wortlaut und Gesetzesgeschichte keinen Anlass, im Rahmen des § 2320 Abs. 2 ein subjektives Element zu fordern. Er stützt dies darauf, dass dem Wort „Erbe" in § 2320 Abs. 1 späterhin das Wort „gesetzlicher" vorangestellt worden sei. Der heutige Abs. 2 habe dann „dem Abs. 1 entsprechende Auslegungsregel erhalten, um dem Eindruck vorzubeugen, außerhalb der gesetzlichen Erbfolge gelte der Grundsatz des Abs. 1 nicht. Daraus leitet Pentz ab, dass der Gesetzgeber mangels Hinweises in den Beratungen keinerlei Anforderungen an Absicht und Vorstellungen des Erblassers habe stellen wollen. Kritisch beurteilt Pentz auch die Folgen, die sich daran knüpften, einen subjektiven Bezug zu verlangen. So solle eine von § 2320 Abs. 1 abweichende Regelung einer besonderen Verfügung bedürfen, nicht notwendig sei dies nach der von ihm abgelehnten Auffassung bei gewillkürter Erbfolge, da eine abweichende Regelung nunmehr ohne besondere Verfügung greife.

Zu weiterer Klarheit konnte auch die Rechtsprechung bislang nicht verhelfen. In einer Entscheidung aus dem Jahr 1938 befasste sich das Reichsgericht[166] nur kurz mit diesem Problemfeld des § 2320 Abs. 2. In dem zu beurteilenden Sachverhalt hatte der Erblasser neben der Erbeinsetzung seiner übrigen Kinder die beiden Abkömmlinge des ausgeschlossenen Kindes zu Erben je zur Hälfte von dessen Erbteil eingesetzt. Nach dem Reichsgericht kam hierin die „bewusste und gewollte" Zuwendung des Erbteils des Ausgeschlossenen an dessen Abkömmlinge zum Ausdruck[167]. Auch der BGH musste bislang nicht Stellung beziehen, da in dem von ihm entschiedenen Fall[168] der Erblasser

---

[164] Staudinger-Ferid/Cieslar, 12. Auflage, § 2320 Rdnr. 29.
[165] Pentz, Die Pflichtteilslast des Ersatzmannes nach § 2320 BGB, MDR 1998, 1391 (1392 f.).
[166] RG JW 1938, 2143.
[167] RG JW 1938, 2143 (2144).
[168] BGH NJW 1983, 2378.

durch Bestellung eines Nacherben über § 2102 Abs. 1 gleichsam den Nacherben als Ersatzerben bestimmt hatte, dem der dem Vorerben zugedachte Erbteil zufallen sollte.

Stellungnahme:

Die unterschiedlichen Standpunkte sind größtenteils darauf zurückzuführen, dass allen Stimmen, mehr oder minder ausgesprochen, die Auffassung zugrunde liegt, mit „Erbteil des Pflichtteilsberechtigten" sei jedenfalls dessen gesetzlicher Erbteil gemeint. Nur vor diesem Hintergrund erhellt die Auffassung vOlshausens[169], eine bewusste und gewollte Ersetzung eines Pflichtteilsberechtigten sei möglicherweise ein wünschenswertes Kriterium, in der Praxis indes kaum zu handhaben. Denn dieses subjektive Element geböte es festzustellen, dass sich der Erblasser die gesetzliche Erbfolge vorgestellt und sodann „in Gedanken" den auf den auszuschließenden Pflichtteilsberechtigten entfallenden gesetzlichen Erbteil einem oder mehreren anderen zugewendet habe. Damit wäre ein Tatbestandsmerkmal kreiert, das letztlich, außer in dem Fall, dass der Erblasser die vorgenannte Überlegung schriftlich fixiert hat, in aller Regel dazu führen müsste, die Voraussetzungen des § 2320 Abs. 2 abzulehnen. Von seinem Standpunkt zu Recht geht vOlshausen davon aus, eine derart feinsinnige Differenzierung gegenüber dem Fall, dass der Erblasser den Nachlass verschiedenen Erben zugeteilt habe, ohne Reflexionen über die gesetzliche Erbfolge und deren teilweiser Ablehnung anzustellen, sei nicht durchführbar.

Dieses Eingeständnis vOlshausens belegt letztlich die Widersprüchlichkeit der herrschenden Auffassung, bei gewillkürter Erbfolge im Rahmen des § 2320 Abs. 2 den Erbteil des Pflichtteilsberechtigten mit dessen gesetzlicher Erbquote gleich zu setzen. Bei der Verteilung der auf dem Erbe ruhenden Lasten will sich die herrschende Auffassung auch bei gewillkürter Erbfolge stets von den gesetzlichen Erbquoten leiten lassen und sucht nach Kriterien, an denen sich festmachen lassen kann, wo die gesetzliche Erbquote des Ausgeschlossenen hingewandert ist. Wie allein der Rechtsanwender mit dieser Auslegung gelassen wird, wird durch die Ausführungen von Edenhofer[170] deutlich, wenn er in seiner Kommentierung zu § 2320 Abs. 2 darlegt, wie bei der Anwendung der Norm zu verfahren sei. Zunächst

---

[169] vOlshausen (Fn 32), MDR 1986, 89 (90).
[170] Palandt-Edenhofer, § 2320 Rdnr. 2.

behauptet er, dass der Erbteil im Sinne des Abs. 2 der gesetzliche sei. Sodann sei also die gesetzliche Erbquote des Pflichtteilsberechtigten festzustellen, um anschließend zu ermitteln, wem dieser Erbteil zugewendet wurde. So weit, so gut. Aber wie soll dieser Ermittlungsvorgang aussehen und was sind die hierfür maßgeblichen Kriterien?

Bezeichnend ist hier, dass E d e n h o f e r auf M a u c h [171] verweist. Denn dieser gibt folgendes

> Beispiel 17 (nach M a u c h BWNotz 1992, S. 146 [148]): Erblasser E lebt mit F in Zugewinngemeinschaft. Aus der Ehe entstammen A und B. Der Familienfremde X, A und F werden zu je 1/3 zu Erben eingesetzt. Bei unterstellter erbrechtlicher Lösung verlangt B seinen Pflichtteil.

M a u c h ermittelt hier zunächst die gesetzlichen Erbquoten und will sodann schauen, wem der gesetzliche Erbteil des B zugeflossen ist. Ohne dies näher zu begründen, präsentiert er als im Wege der Auslegung gefundenes Ergebnis, dass der Erblasser aus dem gesetzlichen Ehegattenanteil (½) dem X 1/6 und vom gesetzlichen Erbteil des B (1/4) dem X 1/6 und A 1/12 zugewandt hat. Deshalb sei der Pflichtteil des B von A und X im Verhältnis 1:2 zu tragen. Interessant ist jedoch, dass M a u c h sein eigenes Ergebnis in Fußnote 7 wieder relativiert und erläutert, es sei genauso gut denkbar, dass der gesetzliche Erbteil des B allein dem X zugedacht war, A dagegen 1/12 aus dem Erbteil der F erhalten hätte. Hier hätte X die Pflichtteilslast allein zu tragen. Nach M a u c h kommen demnach zumindest[172] zwei Ergebnisse in Betracht, wenn er den gesetzlichen Erbteil des Pflichtteilsberechtigten auf die verbleibenden Erben verschiebt.

Lässt man in die Auslegung der letztwilligen Verfügung auf diese Weise die gesetzliche Erbfolge mit ihren Quoten einfließen, vermengt man unzulässig die diesen zugrundeliegenden Wertungen mit denen des Erblassers, auf denen seine letztwillige Verfügung beruht. Die einzige Wertung, die im Rahmen des § 2320 Abs. 2 aus dessen Abs. 1 übernommen werden darf, ist die, dass auch der gewillkürte – als Pendant zum gesetzlichen - Ersatzmann die Lasten der Erbschaft zu tragen hat; die

---

[171] Mauch, Pflichtteilslast im Rahmen der §§ 1371, 2320 BGB, BWNotZ 92, 146 ff.
[172] Rechnerisch ist durch beliebiges Verschieben der Erbquoten allerdings eine Vielzahl von Ergebnissen möglich.

Regelung der Frage, zu welchem Anteil der gewillkürte Ersatzmann die auf dem Erbe ruhenden Lasten zu bürden hat, bleibt bei gewillkürter Erbfolge indes dem Erblasser vorbehalten. Hier ist, wie vOlshausen[173] zutreffend annimmt, davon auszugehen, dass der Erblasser den Nachlass verschiedenen Erben zugeteilt hat, ohne über die gesetzliche Erbfolge nachzudenken. Nicht einmal das Pflichtteilsrecht hindert den Erblaser daran, da dies erst mit dem Erbfall zum Tragen kommt und sich nur als Nachlassverbindlichkeit der Erben darstellt. Warum dann der gesetzliche Erbteil des Pflichtteilsberechtigten dafür maßgeblich sein soll, in welcher Höhe bei gewillkürter Erbfolge einzelne Erbengruppen verpflichtet sein sollen, die Pflichtteilslast zu tragen, ist nicht nachzuvollziehen und entbehrt eines rechtfertigenden Grundes.

Ein Blick auf die bisherige Rechtsprechung bestätigt dies. Der BGH[174] hat in seiner dem Beispiel 16 zugrundeliegenden Entscheidung fälschlicherweise ignoriert, wie der Erblasser seinen Nachlass verteilt wissen wollte. Obschon der Erblasser den Erbteil des Vorerben als im Wege der ergänzenden Auslegung ermitteltes Ergebnis dem Nacherben als Ersatzerben zuwandte, nimmt der BGH die bewusste Zuwendung der Erbquoten nicht zur Kenntnis und stellt bei Verteilung der auf der gesamten Erbschaft ruhenden Lasten auf die gesetzliche Erbquote des Erstberufenen ab. Durch eine solche Vorgehensweise wird eine zusammenhängende Frage, nämlich die danach, wem der eigentlich dem Vorerben zugedachte Erbteil anfällt, unzulässig in zwei Bereiche gespalten, von denen einer nach dem insoweit ermittelten Willen des Erblassers entschieden wird, während bei dem anderen schlicht auf das Gesetz Bezug genommen wird, ohne der die gesetzlichen Erbquoten abändernden Verfügung des Erblassers Beachtung zu schenken.

Löst man sich von dem Standpunkt, entscheidend sei der Verbleib des gesetzlichen Erbteils des Pflichtteilsberechtigten, und wendet sich dem klar formulierten Erblasserwillen zu, auf den dem späterhin Weggefallenen oder sofort Ausgeschlossen zugedachten Erbteil abzustellen, bedarf es nicht mehr der Entscheidung darüber, ob es eines subjektiven Kriteriums bedarf, da genau dieses schon durch das Merkmal „Erbteil des Pflichtteilsberechtigten" bejaht wurde. Hiermit hat man auch den Erbteil ermittelt, auf dem die Pflichtteilslast ruht. Hat man diese Feststellung getroffen, ist es keinesfalls so, dass bei gewillkürter Erbfolge eine von der gesetzlichen Regelung abweichende Rechtsfolge greift. Beide Male hat der

---

[173] vOlshausen (Fn 32), MDR 1986, 89 (90).
[174] BGH NJW 1983, 2378.

Ersatzmann, sei es der gesetzliche, sei es der gewillkürte, die Lasten der Erbschaft, deren Entstehen Folge des Ausscheidens/Wegfallens des Erstberufenen sind, zu tragen. Will der Erblasser dies nicht, steht ihm über § 2324 der Weg offen, die Verteilung der Pflichtteilslast abweichend zu bestimmen. Auf den gesetzlichen Erbteil, und damit incidenter auf das subjektive Element verzichtend, darf allenfalls dann zurückgegriffen werden, wenn die Verfügung des Erblassers keinen Anhaltspunkt für eine abweichende Anordnung bietet.

Soweit ein Erstberufener bei gewillkürter Erbfolge ausschlägt, bereitet es demnach wenig Probleme, den Erbteil ausfindig zu machen, aus dem der sodann zu erfüllende Pflichtteilsanspruch gespeist wird.

Parallele Überlegungen können allerdings nicht angestellt werden, wenn ein Pflichtteilsberechtigter sogleich von der Erbfolge ausgeschlossen ist und nicht erst durch Ausschlagung wegfällt. Sollten statt des Ausgeschlossenen dessen gesetzliche Erben testamentarisch berufen sein, dürfte feststehen, dass diese im Verhältnis zu Miterben die Pflichtteilslast zu tragen haben.

In anderen Konstellationen allerdings erweist sich auch der Rückgriff auf den gesetzlichen Erbteil als wenig hilfreich. Denn hier stellt sich das Problem, dass dieser Erbteil rechnerisch beliebig verschoben werden kann. Der Rechtssicherheit dient dies nicht. An dem Beispiel 17 wird mehr als deutlich, dass § 2320 Abs. 2 keine Lösung des Problems liefert. Bei der von ihm unterstellten erbrechtlichen Lösung gibt M a u c h selbst zu bedenken, dass es andere Verteilungsmaßstäbe geben kann, bei güterrechtlicher Lösung stellt er gar zutreffend fest, dass sich nur schwer ermitteln lassen wird, in welchem Verhältnis A und X die gesetzlichen Erbteile zugeflossen sind. Zwar empfiehlt M a u c h auch hierfür eine Lösung, indem er zunächst die gesetzliche Erbfolge ermittelt, diese dem nun angetroffenen Ergebnis gegenüberstellt und sodann den jeweils entstandenen Vorteil als richtungsweisenden Faktor für die Verteilung der Pflichtteilslast heranzieht[175]. An einer gesetzlichen, besser noch einer testamentarischen Grundlage hierfür fehlt es allerdings. Soweit der Erblasser sich nicht klar und unmissverständlich äußerte, bietet § 2320 Abs. 2 in diesen Fällen keine Handhabe, den familienfremden Erben, der gleichrangig mit einem sonst Pflichtteilsberechtigten in der Erbengemeinschaft steht, mit mehr Pflichtteilslast zu beschweren, als es der grundsätzliche Maßstab der Verteilung der Pflichtteilslast gebietet.

---

[175] Mauch (Fn 171), BWNotZ 1992, 146 (148).

Unterstützung erfährt diese Auffassung durch D ä u b l e r[176], der zurecht auf die schwierigen Auslegungsprobleme des § 2320 Abs. 2 verweist. Er empfiehlt deshalb, nicht durch allzu großzügige Handhabung ergänzender Testamentsauslegung die Ausnahmevorschrift des § 2320 zu einem Regeltatbestand zu erheben.

c) Der erlangte Vorteil

Beschränkt wird die Haftung des Ersatzmannes durch die Höhe des erlangten Vorteils. Grundsätzlich deckt sich dabei der erlangte Vorteil mit dem Wert des gewonnenen Erbteils[177].

Auf Probleme stößt man indes, den Wert des gewonnenen Erbteils zu ermitteln, wenn ein Miterbe, der zunächst nur als Nacherbe des Pflicht-teilsberechtigten eingesetzt war, seinen Anteil an der Miterbengemein-schaft erst durch dessen Ausschlagung erlangt. Für den Vorteilsbegriff kommen hier zwei Ansätze in Betracht. Einmal kann man allein auf den Wert des Erbteils zum Zeitpunkt des Erbfalls abstellen. Dafür spricht, dass nach § 2102 die Erbeinsetzung als Nacherbe im Zweifel auch die Erbeinsetzung als Ersatzerbe enthält und dieser wiederum so angesehen wird, als sei er bereits im Zeitpunkt des Erbfalles berufen worden.

Andererseits ist denkbar, den Wertunterschied zwischen dem frühzeitig erlangten Erbteil und dem bereits vorab zugedachten Nacherbteil als erlangten Vorteil aufzufassen. Hören lässt sich diese Ansicht insbesondere deshalb, weil der Miterbe keinesfalls aus dem Nichts in die Erbenstellung gelangte, sondern der Erblasser ihm mit seiner Verfügung ein Nacherbenrecht zuwandte. Dass dieses Nacherbrecht einen vermögens-rechtlichen Charakter hat, belegt schon die Möglichkeit seiner Pfändung (§ 857 Abs. 1 ZPO), Verpfändung (§§ 1273 f.), entgeltlichen Übertragung sowie des mit ihm verbundenen deliktischen Schutzes[178]. Zudem ist der Vorerbe nur vorläufiger Erbe, wobei der Zeitpunkt des Anfalls der Erbschaft des Erblassers an den Nacherben von der jeweiligen Bedingung abhängt (§ 2106). Folgender Sachverhalt mag erläutern, welchen „eigentlichen" Vermögenswert ein Nacherbe bereits im Erbfall besitzen kann.

---

[176] AK-Däubler, § 2320 Rdnr. 5.
[177] MüKo-Frank, § 2320 Rdnr. 6.
[178] Kipp-Coing, Erbrecht, § 50 I 1.

> Bsp. 18 : Erblasser E hinterlässt aus erster Ehe eine Tochter T und
> aus der zweiten Ehe die Ehefrau W und den Sohn S. T und W
> werden Erben zu je ½. W wird zu Vorerbin eingesetzt, der S zum
> Nacherben. W ist 80 Jahre alt. Sie schlägt aus und verlangt ihren
> Pflichtteil. Der Nachlasswert beträgt 2.000.000,-- €.

Nach der herrschenden Ansicht[179] beläuft sich der Vorteil des
Nachrüc??kenden auf den Wert seines Erbteils, hier also 1.000.000,-- €.
Gesetzt den Fall, die Vorerbin hätte aus den Erträgnissen der ihr
zugedachten Hälfte des Erblasservermögens ihre Lebenshaltung komplett
bestreiten können, müsste man, gerade wenn der Wert des Erbteils
herangezogen wird, das Ergebnis der zuvor genannten Ansicht in Frage
stellen, denn die Erbschaftssubstanz (1.000.000,-- €) hätte S ungeschmälert
bekommen. Wegen dieser ist ein Vorteil in dem verfrühten Einrücken in
die Erbenstellung also nicht zu sehen. Der dem S objektiv zufließende
Vorteil ist darin auszumachen, dass ihm die Erbschaft nicht mit dem
testamentarisch bestimmten Eintritt des Nacherbfalles sondern bereits im
Erbfall anfällt. Allein dieses zeitliche Moment ist es, das beide Erb-
schafterwerbe voneinander unterscheidet und welches dem S zustatten
kommt. Der damit verbundene Vorteil ist sogar wirtschaftlich einer
Bewertung zugänglich. Unter Zuhilfenahme amtlicher Sterbetafeln und
einer an bestimmten Leitzinssätzen orientierten Kapitalverzinsung ließe
sich der infolge der „verfrühten" Erbeinsetzung realisierte Nutzen berechnen.

Stellungnahme:

Zumindest in Fällen, in denen es dem Nacherben als Ersatzmann gelingt
nachzuweisen, dass der wirtschaftliche Vorteil, der ihm zufließt, geringer
ist als der Wert der Erbschaft, darf ihm diese Möglichkeit der Haf-
tungsbeschränkung, die ihm das Gesetz bietet, durch die pauschalisierende
und vereinfachende Handhabung des Begriffes „erlangter Vorteil"
grundsätzlich nicht ohne stichhaltige Argumentation abgeschnitten werden.

---

[179] BGH NJW 1983, 2378; MüKo-Frank, § 2320 Rdnr. 6; Soergel-Dieckmann, § 2320
Rdnr. 4; Staudinger-Haas, § 2320 Rdnr. 15.

Zu dieser Frage argumentiert der BGH[180], dessen Ausführungen die Literatur[181] in diesem Punkt unkritisch folgt, § 2320 sei nicht auf den Fall einer Ausschlagung durch den Pflichtteilsberechtigten zugeschnitten (§ 2306 Abs. 1 S. 2), sondern knüpfe umfassend an den Verbleib des gesetzlichen Erbteils des Pflichtteilsberechtigten und den auf diese Weise entstandenen Vorteil des Begünstigten an. Ungeachtet der hier abgelehnten Ansicht, es sei an den Verbleib des gesetzlichen Erbteils des Pflichtteilsberechtigten zu knüpfen, begeht der BGH den Fehler, das Tatbestandsmerkmal „Höhe des erlangten Vorteils" nicht eigenständig auszulegen, sondern es schlicht mit seiner Auffassung vom Erbteil des Pflichtteilsberechtigten gleich zu setzen. Beließe man es dabei, hätte dies die Konsequenz, dass dem Tatbestandsmerkmal „Höhe des erlangten Vorteils" keine Bedeutung beizumessen, diese vom Gesetzgeber eingefügte Begrenzung der Haftung mithin überflüssig wäre. Auch Dieckmanns[182] Begründung der seiner Auffassung nach zutreffenden Rechtsprechung vermag nicht zu überzeugen. Er argumentiert, mit einer derartigen letztwilligen Verfügung habe der Erblasser dem Vorerben nicht nur die Möglichkeiten des § 2306 Abs. 1 S. 2 offeriert, sondern zugleich mit dieser Beschränkung einen Teil des gesetzlichen Erbteils des Vorerben dem Nacherben zugewiesen. Deshalb sei es nach Ausschlagung des Vorerben folgerichtig, in der Vorteilsrechnung nunmehr den insgesamt gewonnen Erbteil des Nacherben zu berücksichtigen.

Diese behauptete Folgerichtigkeit lässt sich bei näherer Betrachtung nicht ausmachen. Schon eher ist ein gegenteiliges als das von Dieckmann gewonnene Ergebnis folgerichtig. Schließt man sich nämlich seiner Prämisse an, zugleich mit der Beschränkung des Erbteils des Pflichtteilsberechtigten sei ein „Teil" des gesetzlichen Erbteils bereits dem Nacherben zugewiesen, ist es widersprüchlich, diesen Teil nochmals in die Berechnung des Vorteils einfließen zu lassen, denn durch die Ausschlagung des Vorerben konnte der Nacherbe nämlich nur den Teil zusätzlich erlangen, den ihm der Erblasser durch die Anordnung von Vor- und Nacherbschaft nicht schon zugewiesen hatte.

Für die Auslegung des haftungsbegrenzenden Merkmals des erlangten Vorteils kann nur maßgeblich sein, dass sich die Wertungen und Vorstellungen, die der Erblasser durch die Anordnung der Vor- und Nach-

---

[180] BGH NJW 1983, 2378.
[181] MüKo-Frank, § 2320 Rdnr. 6; Soergel-Dieckmann, § 2320 Rdnr. 4; Staudinger-Haas, § 2320 Rdnr. 15.
[182] Dieckmann, Anm. zu BGH NJW 1983, 2378 in FamRZ 1983, 1014 (1016 f.).

erbschaft zum Ausdruck brachte, in der endgültigen Nachlassverteilung widerspiegeln. Hiernach ist es zwar verfehlt, den Nacherben gleichsam als jemanden zu behandeln, der von außerhalb in die Erbenstellung rückte.

Dennoch muss tunlichst darauf geachtet werden, dass das vom Erblasser geschaffene Gefüge nicht durch die Ausschlagung des zunächst Berufenen eines Stammes aus dem Gleichgewicht gebracht wird. Dem Erblasser wird es darum gegangen sein, sein Vermögen nach Stämmen zu verteilen. Dieser Wille würde durchkreuzt, wenn die angedachte, rein ökonomische Betrachtungsweise greifen würde. Vernachlässigt würde auch das wohl entscheidende Argument, dass der Nacherbe erst über die im Zweifel (§ 2102 Abs. 1) erfolgte Einsetzung als Ersatzerbe sein Erbrecht erhält und dieses nicht von dem Vorerben sondern vom Erblasser als dessen Rechtsnachfolger ableitet (§ 2139). Die Ausschlagung des Vorerben wiederum führt nach § 1953 Abs. 1 dazu, dass der Erbschaftsanfall an ihn als nicht erfolgt gilt. Mithin darf auch die, auf den ersten Blick für den nachrückenden Erben reizvolle, Überlegung, ob die Erbschaftssubstanz durch den Vorerben geschmälert worden wäre, nicht angestellt werden. Diese Erwägung arbeitet nämlich mit der Annahme, dass der Vorerbe die Erbschaftssubstanz nutzen konnte. Durch die Ausschlagung der Vorerbschaft brachte der Vorerbe diese Annahme jedoch zu Fall.

d) Abgrenzung zu § 2318

Keine einheitliche Auffassung herrscht darüber, inwieweit § 2320 Abs. 2 das Verhältnis des an die Stelle des Pflichtteilsberechtigen getretenen Erben zu Vermächtnisnehmern beeinflusst. Auf den ersten Blick verwundert dies, da der Gesetzeswortlaut mit dem Einschub:

„im Verhältnisse zu Miterben"

den persönlichen Anwendungsbereich der Vorschrift klar umreißt. Dennoch sprach sich schon Schiffner[183] dafür aus, die Pflichtteilslast allein nach § 2320 auf den durch diese Norm bestimmten Miterben abzuwälzen und einen etwaigen Vermächtnisnehmer aufgrund des Eingreifens des § 2320 von einer Beteiligung an der Pflichtteilslast freizustellen. Danach habe eine Kürzung des Vermächtnisses insoweit nicht stattzufinden, als der Fehlbetrag einem Dritten zum Vorteil gereiche. Nach

---

[183] Schiffner, Pflichtteil, Erbenausgleichung und die sonstigen gesetzlichen Vermächtnisse nach dem BGB für das Deutsche Reich, S. 59 f.

§ 2323 habe insoweit auch der fragliche Erbe die Pflichtteilslast in dieser Höhe nicht endgültig zu tragen. In diesem Fall sei nämlich im Verhältnisse der Erben beziehungsweise Vermächtnisnehmer zueinander die Pflichtteilslast schlechthin auf den begünstigten Dritten übertragen.

Ohne sich auf die Ausführungen Schiffners zu beziehen, ging das RG[184], veranlasst durch den Fall der Ausschlagung eines pflichtteilsberechtigten Vermächtnisnehmers, auf das Verhältnis des § 2318 zu den §§ 2320, 2321 ein. Danach stelle § 2318 zwar den Grundsatz auf, dass derjenige, der etwas aus dem Nachlass erhalte, nach dem Verhältnis des Empfangenen zur Deckung der Pflichtteilslast beitragen solle. Dieser Grundsatz werde allerdings durch die Vorschriften der §§ 2320 und 2321 eingeschränkt. Hiernach habe in erster Linie derjenige die Pflichtteilslast den mit ihm verhafteten Erben abzunehmen, der an Stelle des Pflichtteilsberechtigten dessen Erbteil erhalte. Weiter führt das RG aus, dass die Pflichtteilslast bei dem Erben und Vermächtnisnehmer gemäß § 2318 verbleibe, soweit § 2320 nicht greife. Da das RG seine Entscheidung auf § 2321 stützte, hielt es nur noch in einem obiter dictum fest, dass zwar auf § 2320 nicht mehr eingegangen werden müsse, aber schon aufgrund dieser Norm die Erben die Pflichtteilslast, ohne die Vermächtnisnehmer daran zu beteiligen, zu tragen gehabt hätten. Ohne dass es entscheidungsrelevant war, ging auch der BGH[185] in seiner dem Beispiel 16 zugrundeliegenden Entscheidung kurz auf das Verhältnis des § 2320 zu § 2318 ein. Nachdem er gesetzeswiederholend konstatierte, dass die Verteilung der Pflichtteilslast im Verhältnis der Miterben zueinander in § 2320 besonders geregelt sei, erkannte er prinzipiell an, dass die Vorschriften nebeneinander anwendbar seien, wenn er – unter Annahme des Bestehens eines Kürzungsrechts nach § 2318 Abs. 1 – anklingen ließ, dieses dürfe auch bei der Verteilung der Pflichtteilslast nach § 2320 nicht unberücksichtigt bleiben. Das OLG Stuttgart[186] ließ sich davon nicht beirren und sprach den Miterben, die nach § 2320 Abs. 2 die Pflichtteilslast zu tragen hatten, schlechthin das Kürzungsrecht des § 2318 Abs. 1 ab. Danach sei § 2320 Abs. 2 ein Ausnahmetatbestand zu § 2318. Die Pflichtteilslast habe deshalb nur nach dieser Norm verteilt zu werden; dem stehe auch der Wortlaut des § 2320 Abs. 2 nicht entgegen. Ohne sich mit der dieser Auffassung auch nur auseinander zu setzen, stellt Haas[187] fest, dass sich die Frage, ob derjenige, der im Verhältnis zu Miterben die Pflichtteilslast zu tragen hat, diese

---

[184] RG JW 1914, 593 (594).
[185] BGH NJW 1983, 2378 (s. Bsp. 16).
[186] OLG Stuttgart BWNotZ 1985, 88.
[187] Staudinger-Haas, § 2320 Rdnr. 2.

anteilig auf den Vermächtnisnehmer abwälzen könne, nach § 2318 Abs. 1 richte.

Stellungnahme:

Die Auffassung, § 2320 sei Ausnahmetatbestand zu § 2318 und schließe daher das darin bestimmte Kürzungsrecht des Erben aus, ist trotz gegenteiliger Stimmen kaum zu vertreten. Dieses Ergebnis kann nur durch eine besondere Anordnung des Erblassers herbeigeführt werden, da diese Vorschriften nachgiebig sind. Nicht nur wegen des eindeutigen Wortlauts des § 2320 „im Verhältnis der Miterben" ist diese Ansicht nicht haltbar. Wenn es auch auf der Ebene der Rechtsfolgen in beiden Vorschriften um das Tragen der Pflichtteilslast im Innenverhältnis geht, so scheint die hier abgelehnte Auffassung zu verkennen, dass es einmal um das Verhältnis der Miterben untereinander, bei dem Kürzungsrecht aus § 2318 Abs. 1 aber um die Beteiligung eines außerhalb der Erbengemeinschaft stehenden Vermächtnisnehmers geht. Für unterschiedlich gelagerte Sachverhalte versuchen beide Vorschriften, den jeweils mutmaßlichen Erblasserwillen zwecks Beteiligung an der Pflichtteilslast durchzusetzen. Soll § 2318 Abs. 1 Ausgleich dafür sein, dass Vermächtnisse bei der Nachlassermittlung nicht abziehbar sind, geht es bei § 2320 grundsätzlich darum, denjenigen im Innenverhältnis den Pflichtteil tragen zu lassen, dem das Ausscheiden des pflichtteilsberechtigten Erben zustatten kommt. Tatbestandlich sind mithin vollkommen unterschiedliche Regelungsbereiche angesprochen, von denen im Kollisionsfall zutreffend der eine bei der konkreten Falllösung nicht ohne den anderen betrachtet werden kann. In diesem Sinne darf folglich auch der Hinweis des BGH[188] verstanden werden, das Kürzungsrecht aus § 2318 Abs. 1 dürfe bei der Verteilung der Pflichtteilslast nach § 2320 nicht unberücksichtigt bleiben. § 2318 Abs. 1 hingegen gänzlich die Anwendung zu versagen, wäre daher verfehlt.

Gerechtfertigt sein kann ein solches Vorgehen allenfalls dann, wenn der durch § 2320 erklärte mutmaßliche Erblasserwille durch die Anwendung des § 2318 Abs. 1 vereitelt würde. Gerade dies ist jedoch nicht der Fall, denn an der Zuordnung, wer von den Miterben im Innenverhältnis die Pflichtteilslast zu tragen hat, ändert sich durch die Anwendbarkeit des § 2318 Abs. 1 nichts. Einzig die Höhe des Pflichtteils, die ein Miterbe gemäß § 2320 zu tragen hat, wird durch das Eingreifen des § 2318 Abs. 1 gemindert.

---

[188] BGH NJW 1983, 2378 (2379).

Auch § 2323 spricht dagegen, der hier zurückgewiesenen Auffassung zu folgen. Die Norm verweigert dem Erben, der die Pflichtteilslast im Innenverhältnis zu Miterben auf einen anderen abwälzen kann, das Recht, von § 2318 Abs. 1 Gebrauch zu machen. Dass der schon durch die Belastung im Innenverhältnis getroffene Miterbe nun auch noch sein Recht aus § 2318 Abs. 1 verlieren soll, ist nicht ausgesprochen, hätte aber, wenn dies für diese Konstellation dem mutmaßlichen Willen des Erblassers entsprechen soll, ausdrücklich geregelt werden müssen. So stellt vOlshausen[189] zu Recht fest, dass der Gesetzgeber, auch ohne diesen Gedanken in den Gesetzesberatungen näher auszuführen, davon ausgegangen sei, dass zwar im Verhältnisse zu Miterben ein mutmaßlicher Erblasserwille angenommen werde, dem „nachrückenden" Erben die Pflichtteilslast zu überbürden. Dieser Wille lasse sich indes nicht auf das Verhältnis des Ersatzmannes zu dem Vermächtnisnehmer erstrec??ken, genau wie umgekehrt erst recht der Vermächtnisnehmer nicht vor einem Ersatzmann primär die Pflichtteilslast habe tragen sollen.

e) Das Verhältnis des § 2323 zu § 2320

Hat ein Miterbe aufgrund der Verteilungsregel des § 2320 die Pflicht-teilslast nicht zu tragen, bestimmt der nachgiebige § 2323, dass dem durch die Verteilungsregel begünstigten Miterben das Kürzungsrecht des § 2318 Abs. 1 nicht mehr zusteht und der Vermächtnisnehmer seinen Anspruch damit ungekürzt durchsetzen kann. Inwieweit sich diese Modifikationen der Verteilungsregel in die durch die Auslegung der §§ 2318, 2320 gewonnenen Wertungen einfügt, mag folgender Sachverhalt zeigen.

> Bsp. 19 (nach vOlshausen, MDR 1986, S.89 (92)): Der verwitwete Erblasser E setzt seine Tochter T und den Familienfremden A an Stelle seines Sohnes S zu je ½ als Erben ein. T wird mit einem Vermächtnis zugunsten des V in Höhe von 20.000,-- € beschwert. Sohn S macht Pflichtteilsansprüche geltend. Der Nachlasswert beträgt 120.000,-- €.

S kann einen Pflichtteil in Höhe von 30.000,-- € verlangen. Diesen hat nach der Auslegungsregel des § 2320 Abs. 2 im Innenverhältnis der Miterben der Familienfremde A zu tragen. T bleibt demnach von Pflichtteilslasten

---

[189] vOlshausen, (Fn 32), MDR 1986, 89 (91 f.).

verschont. Weil ihr die Verteilung der Pflichtteilslast zugute kommt, nimmt das Gesetz ihr die Möglichkeit, bis zur Höhe der Befreiung von der Pflichtteilslast (§ 2323: „insoweit") das ihr auferlegte Vermächtnis zu kürzen. In den Gesetzesberatungen[190] wurde hierzu ausgeführt, dass eine weitere Abzugsmöglichkeit nicht gerechtfertigt sei, weil die das Kürzungsrecht voraussetzende Last bereits ein anderer trage. § 2323 diene dazu, dieser unbilligen Kumulierung entgegenzutreten, da ein das Kürzungsrecht ausschließender Wille des Erblassers zu Tage liege.

Zutreffend an dieser Begründung ist, dass es den mit einem Vermächtnis beschwerten Erben übermäßig begünstigte, zöge er aus der Existenz eines Pflichtteilsberechtigten Nutzen, obwohl er von den damit verbundenen Lasten jedenfalls verschont bleibt. Während die Einschränkung des Kürzungsrechts im Verhältnis zu dem von der Pflichtteilslast verschonten Erben durchaus zu rechtfertigen ist, bleiben Zweifel, ob es ebenso statthaft ist, die Stellung des Vermächtnisnehmers aufgrund der „Zufälligkeit", wen die Pflichtteilslast im Innenverhältnis trifft, gänzlich unangetastet zu lassen. Kann der Vermächtnisnehmer seinen Anspruch nämlich ungekürzt durchsetzen, wird mit einem Grundsatz der Verteilung der Pflichtteilslast gebrochen, den das RG[191] wörtlich so festhielt:

„Wer aus dem Nachlass etwas erhält, soll nach dem Verhältnis des Empfangenen zur Deckung der Pflichtteilslast beitragen."

Der Vermächtnisnehmer V hat mit seiner Vermächtnisforderung Anspruch auf 1/6 des Nachlasswertes, mit diesem Anteil ist er am Nachlass beteiligt. Allein der Umstand, dass im Innenverhältnis der Erben der Ersatzmann die Pflichtteilslast zu tragen hat, begünstigt den Vermächtnisnehmer. Ob der Gesetzgeber diese Konsequenz beachtet hat, fragt sich, denn in den Gesetzesberatungen ist gleich zu Beginn der Erläuterung zu den §§ 1995 – 1998 des 1. Entwurfs[192] festgehalten, dass sich diese Vorschriften mit der Haftung mehrerer Erben im Verhältnisse zueinander befassen. Offen zu Tage liegt die Einschränkung des Kürzungsrechts aufgrund der zitierten Unbilligkeit einer Doppelberücksichtigung des von der Pflichtteilslast im Innenverhältnis verschonten Erben hingegen nur aus dessen Sicht. Von dem begünstigten Vermächtnisnehmer ist nicht die Rede. Bedenken können aufkeimen, die Rechtfertigung dieser Auslegungsvorschriften auf einen mutmaßlichen Erblasserwillen zurückzuführen. Im Ergebnis läuft dies

---

[190] Motive V, S. 424.
[191] RG JW 1914, 593 (594).
[192] Motive V, S. 421.

nämlich darauf hinaus, im Verhältnis des an die Stelle eines Pflichtteilsberechtigten getretenen Erben zum Vermächtnisnehmer den Erben grundsätzlich die Pflichtteilslast allein tragen zu lassen. Zu Recht weist vOlshausen[193] darauf hin, dass der Gesetzgeber dem Erblasser einen solchen Willen gerade nicht unterstellen wollte, denn anderenfalls hätte er § 2320 nicht auf das Verhältnis der Miterben zueinander, sondern auch auf das der Miterben zu Vermächtnisnehmern bezogen. Die derart gewonnene Lösung des Gesetzes, den Ersatzmann allein für die Pflichtteilslast haften zu lassen und den Vermächtnisnehmer zu verschonen, ist insbesondere deshalb bedenklich, weil sich an dem Zweck des § 2318 Abs. 1, den Ausgleich dafür zu schaffen, dass Vermächtnisse und Auflagen bei der Nachlassberechnung zur Ermittlung des Pflichtteilsanspruches nicht abgezogen werden dürfen, nichts geändert hat. Dieses Ziel wird dadurch, dass der Vermächtnisnehmer an der Pflichtteilslast nicht beteiligt wird, verfehlt.

Vermieden werden kann der Eingriff in diesen Ausgleichsmodus auf mehrfache Weise. vOlshausen[194] schlägt vor, hinsichtlich der Pflicht-teilslast zunächst das Verhältnis der Erben zu den Vermächtnisnehmern zu ermitteln und erst anschließend in einem zweiten Schritt zu schauen, wer aufgrund der Sondervorschrift des § 2320 innerhalb der Erbengruppe die Pflichtteilslast zu tragen habe. Er kommt auch hier zu dem Ergebnis, dass sich der Vermächtnisnehmer wiederum den Teil der Pflichtteilslast als Kürzungseinrede gefallen lassen muss, der seinem Anteil am Gesamtnachlass entspricht.

Eine weitere Möglichkeit, die allerdings auf das gleiche Ergebnis hin-ausläuft, ist es, den in § 2318 Abs. 1 enthaltenen Ausgleichsgedanken aufrecht zu erhalten, ohne an die Person des zum Tragen der Pflichtteilslast Verpflichteten gebunden zu sein. Vorbehaltlich einer abweichenden Anordnung des Erblassers ist der Vermächtnisnehmer angesichts des Umstandes, dass seine Forderung bei der Berechnung der Pflichtteilsansprüche nicht abzugsfähig ist, jedenfalls an der Pflichtteilslast zu beteiligen. Wird der Vermächtnisnehmer scheinbar dadurch begünstigt, dass im Innenverhältnis ein Ersatzmann mit der Pflichtteilslast belastet ist, muss er sich hinsichtlich der Höhe der Pflichtteilslast so behandeln lassen, als sei das Vermächtnis bei der Nachlassbewertung abzuziehen. Für den dadurch entstehenden fiktiven Ausfall muss der Vermächtnisnehmer im Innenverhältnis mit seiner Vermächtnisforderung einstehen. Vorliegend

---

[193] vOlshausen, (Fn 32), MDR 1986, 89 (93).
[194] vOlshausen, (Fn 32), MDR 1986, 89 (93).

hieße dies, dass im Innenverhältnis von einem „bereinigten Nachlass" in Höhe von 100.000,-- € auszugehen wäre. Der Pflichtteilsanspruch, den A nach § 2320 Abs. 2 zu erfüllen hätte, beliefe sich auf 25.000,-- €. Den gedachten Ausfall hätte der Vermächtnisnehmer zu tragen, so dass er quotal wieder mit 1/6 der Pflichtteilslast belastet wäre.

Einen davon abweichenden denkbaren Ansatz, den zunächst begünstigt scheinenden Vermächtnisnehmer auch nach der gesetzlichen Lösung zum Teil an der Pflichtteilslast zu beteiligen, liefert der konsequente Blick auf den Vorteil, den § 2320 dem begünstigten Erben gewährt. Denn in § 2323 ist bestimmt, dass der Erbe auf § 2318 Abs. 1 insoweit nicht zurückgreifen kann, als er die Pflichtteilslast nicht nach § 2320 zu tragen hat. Vergegenwärtigen muss man sich nunmehr, dass § 2320 in den grundsätzlich gegebenen Ausgleichsmodus der Miterbengemeinschaft eingreift. Gäbe es § 2320 oder eine abweichende Anordnung des Erblassers nicht, müssten im Beispielsfall A und T jeweils 15.000,-- € aufwenden, um den Pflichtteilsanspruch des S zu befriedigen. In Höhe dieser 15.000,-- €, die A ohnehin zu tragen gehabt hätte, kann T auch durch § 2320 Abs. 2 nicht mehr begünstigt werden. Abweichend von den allgemeinen Regeln hat T nach § 2320 Abs. 2 diese 15.000,-- €, den sonst sie belastenden Teil, nicht zu tragen und kann diesen Betrag auf A abwälzen. In Höhe dieses Betrages (ihres Vorteils) kann sie den V nach § 2323 nicht an der Pflichtteilslast beteiligen. Übrig bleiben von der Vermächtnisforderung des V noch 5.000,-- €. Diese im Gesetz verankerte Möglichkeit führt denn auch dazu, dem „insoweit" in § 2323 ein größeres Gewicht beizumessen, als es das Tatbestandsmerkmal bislang hat. Bisher erlangte es nur Bedeutung als Kappungsgrenze in Fällen, in denen die Vermächtnisforderung den Pflichtteilsbetrag überstieg. Bezieht man das „insoweit" hingegen systematisch zutreffend auf den Vorteil, den § 2320 dem Miterben einräumt, erschließt sich ein weiterer Anwendungsbereich und lässt Spielraum zur Verteilung des den Vorteil überschießenden Vermächtnisses (hier: 5.000,-- €). Keine Antwort hält das Gesetz allerdings parat, wie dieser Betrag zu verteilen ist. Diesen dem Vermächtnisnehmer einfach abzuziehen und in die Mittel zur Erfüllung der Pflichtteilslast einzustellen, gibt das Gesetz nicht her. Zurückgegriffen werden kann mithin nur auf die Grundformel zur Ermittlung des Kürzungsbetrages nach § 2318 Abs. 1. Am Nachlass ist der Vermächtnisnehmer zu 1/6 beteiligt. Von seinen erlangten 20.000,-- € sind 15.000,-- € nicht kürzungsfähig. Hinsichtlich des darüber hinausgehenden Betrages unterliegt sein Anspruch dann der verhältnismäßigen Kürzungseinrede des § 2318 Abs. 1, vorliegend also 1/6 von 5.000,-- € = 833,33 €.

Dieser Kürzungsbetrag darf nicht kumulierend der mit dem Vermächtnis beschwerten T zugute kommen, sondern ist im Innenverhältnis der Miterben auf das Tragen der Pflichtteilslast anzurechnen. Dies scheint die Lösung des Gesetzes zu sein, da nur sie gewährleistet, dass lediglich der Vorteil, den § 2320 dem Miterben zufließen lässt, ausgeklammert wird. Hier findet sich auch der Gedanke Schiffners[195] wieder, eine Kürzung des Vermächtnisses nur insoweit auszuschließen, als der Fehlbetrag einem Dritten zum Vorteil gereicht. Eine pauschale Freistellung von der Pflichtteilslast wird durch § 2323 nicht gedeckt. Indes zeigt auch diese Lösung, dass der Vermächtnisnehmer Nutzen aus einer Verteilungsregel zieht, die nur das Innenverhältnis der Miterben betrifft.

Dieser Effekt kann in sein Gegenteil umschlagen. Dies zeigt sich, verändert man das Beispiel 19 dahin, dass der Erblasser nicht T, sondern A mit dem Vermächtnis belastet. Nach hier vertretener Auffassung[196] ist dem Erben, der aufgrund § 2320 im Innenverhältnis verpflichtet ist, die Pflichtteilslast zu tragen, der Rückgriff auf § 2318 Abs. 1 nicht abgeschnitten. Dies führt hin zu der Frage, wie sich die Verteilungsregel des § 2320 zu der des § 2318 Abs. 1 verhält. Zwar gehen auch große Teile der Literatur[197] davon aus, dass §§ 2318 und 2320 nebeneinander anwendbar sind. Außer dem Hinweis darauf, dass den erlangten Vorteil Belastungen und Beschwerungen mindern können, lässt sich den Kommentierungen hierzu allerdings nichts Konkretes entlocken.

vOlshausen[198] will dem Vermächtnisnehmer bei einem derartigen Zusammentreffen von § 2320 Abs. 2 und § 2318 Abs. 1 aufgeben, ihn auch die allein wegen § 2320 entstehende zusätzliche Belastung tragen zu lassen. Im Zusammenwirken mit dem Umstand, dass in die Kürzungsformel bei einseitiger Beschwer eines Erben nur dessen Beteiligung am Nachlasswert einzustellen sei[199], beliefe sich der Kürzungsbetrag auf

---

[195] Schiffner, Pflichtteil, Erbenausgleichung und die sonstigen gesetzlichen Vermächtnisse nach dem BGB für das Deutsche Reich, S.59.

[196] Siehe oben S. 98 ff.

[197] MüKo-Frank, § 2320 Rdnr. 8, Palandt-Edenhofer, § 2320 Rdnr. 1, Staudinger-Haas, § 2320 Rdnr. 2, Kerscher/Riedel/Lenz, Pflichtteilsrecht in der anwaltlichen Praxis, § 6 Rdnr. 147 f.

[198] vOlshausen, (Fn 32), MDR 1986, 89 (94).

[199] Planck-Greiff, § 2318 Anm. 1.

$$KB = \frac{20.000,-- \text{€} \times 30.000,-- \text{€}}{60.000,-- \text{€}} = 10.000,-- \text{€}$$

Damit trüge der Vermächtnisnehmer V allerdings 1/3 der Pflichtteilslast, obschon seine Gesamtbeteiligung am Nachlass nur 1/6 beträgt. vOlshausen[200] sucht die Rechtfertigung dieser erhöhten Beteiligung des Vermächtnisnehmers durch einen Gegenschluss aus § 2323 zu ziehen. So wie der Vermächtnisnehmer einen Vorteil dadurch erhalte, dass der beschwerte Erbe die Pflichtteilslast im Innenverhältnis nicht zu tragen habe, so solle es ihm zum Nachteil gereichen, müsse der beschwerte Erbe die Pflichtteilslast im Innenverhältnis allein oder zu einem höheren Teil seiner Erbquote tragen. Inhaltlich getragen werden soll dieser Umkehrschluss aus der dem § 2323 unausgesprochen zugrundeliegenden Vorgabe, dass die Beteiligung des Vermächtnisnehmers an der Pflichtteilslast immer daran knüpfe, welcher Erbe beschwert sei.

vOlshausens Gedanke fußt auf einer Zwangsläufigkeit, die sich bei näherer Betrachtung nicht als eine solche herauskristallisiert. Nach dem Gesetz ist es zutreffend, dass der Vermächtnisnehmer begünstigt ist, falls der durch § 2320 privilegierte Erbe beschwert ist (§ 2323). Warum diese Begünstigung in ihr Gegenteil umschlagen soll, wenn der nicht privilegierte Erbe mit dem Vermächtnis beschwert ist, dafür bleibt vOlshausen ein stichhaltiges Argument schuldig. Verfehlt dürfte es insbesondere sein, § 2323, der letztlich einen ganz anderen Zweck verfolgt[201], nämlich einer Kumulation von Kürzungseinrede und Begünstigung über § 2320 entgegenzuwirken, als Argumentationshilfe dazu heranzuziehen, den Vermächtnisnehmer mehr zu belasten, als es nach dem in § 2318 Abs. 1 festgelegten Grundsatz verhältnismäßiger Beteiligung an der Pflichtteilslast notwendig ist. § 2323 soll einer Doppelbegünstigung des Erben entgegenwirken. Eine Absicht, den Vermächtnisnehmer über § 2318 Abs. 1 hinaus zu belasten, wohnt der Vorschrift nicht inne. Allein die Abhängigkeit des Schicksals des Vermächtnisses von der Tatsache, wer mit ihm beschwert ist, kann für die Frage der Beteiligung des Vermächtnisnehmers an der Pflichtteilslast nicht dahingehend wirken, ihn mehr, als nach § 2318 Abs. 1 geboten, für die Pflichtteilslast haften zu lassen. Dort ist der Grundsatz normiert, dass die Beteiligung des Vermächtnisnehmers am Nachlass ausschlaggebend für die Höhe des ihm entgegenzuhaltenden Kürzungsrechts ist. Nicht herleiten kann man aus dieser Norm den Grundsatz, bei einseitiger Beschwer eines Erben, der

---

[200] vOlshausen, (Fn 32), MDR 1986, 89 (94).
[201] Motive V, S. 424.

zusätzlich noch die Pflichtteilslast nach § 2320 zu tragen hat, gegenüber dem Vermächtnisnehmer einen höheren Betrag einredeweise geltend machen zu können. Nicht zuletzt spricht hierfür, dass sich die Norm ausweislich der amtlichen Überschrift an den nicht pflichtteilsbelasteten Erben wendet. Daher:

$$KB = \frac{20.000,-- \text{€} \times 30.000,-- \text{€}}{120.000,-- \text{€}} = 5.000,-- \text{€}.$$

Zwischenergebnisse:

1. Grundsätzlich haben die Erben die Pflichtteilslast entsprechend ihren Erbquoten zu tragen. Einen Ausnahmetatbestand hiervon bildet der dispositive § 2320. Danach soll derjenige, der an Stelle des Berechtigten den Erbschaftsbruchteil erhält, den übrigen Miterben gegenüber zur Entrichtung des Pflichtteils verpflichtet sein.

2. Schlägt ein Nacherbe aus und verlangt seinen Pflichtteil, ist bei Abkömmlingen als Nacherben sorgfältig zu prüfen, ob nicht § 2069 eine andere Bestimmung im Sinne des § 2142 Abs. 2 ist. Die von der Rechtsprechung angenommene grundsätzliche Einschränkung des § 2069 ist gerade im Zusammenwirken mit der Ansicht, das Anwachsungsrecht des Mitnacherben gehe dem Recht des Vorerben nach § 2142 Abs. 2 vor, kritisch zu würdigen. Entgegen der Rechtsprechung liegt im Zweifel ein Wegfall im Sinne des § 2069 vor. Dies gilt unabhängig davon, ob einer oder alle pflichtteilsberechtigten Nacherben ausschlagen. Wegen der Pflichtteilslast können von den Mitnacherben Ausgleichsansprüche nach den Regeln über die Miterbengemeinschaft in Verbindung mit § 2320 Abs. 2 geltend gemacht werden.

3. Entgegen der h.M. ist in § 2320 Abs. 2 unter Erbteil des Pflichtteilsberechtigten grundsätzlich der Verbleib des testamentarisch zugedachten Erbteils zu verstehen. Damit erübrigt sich die Auseinandersetzung darüber, ob es einer bewussten und gewollten Ersetzung eines Pflichtteilsberechtigten durch Zuwendung eines Erbteils bedarf oder ein objektiver Vorteil des nunmehr Eingesetzten ausreicht.

4. Der erlangte Vorteil ist nicht immer mit der Erbquote gleichzusetzen. Schlägt der Vorerbe aus, ist es dem Nacherben als Ersatzerben jedoch verwehrt, seine Haftung für die Pflichtteilslast durch eine „ökonomische Betrachtung" des erlangten Vorteils zu reduzieren.

5. Der Anwendungsbereich des § 2320 ist auf das Verhältnis der Miterben untereinander beschränkt.

6. Das Kürzungsrecht des § 2318 Abs. 1 knüpft nach § 2323 daran, wer von den Miterben im Innenverhältnis die Pflichtteilslast zu tragen hat. Dies führt zu Ergebnissen, die den grundsätzlichen Beteiligungsmaßstab des Vermächtnisnehmers an der Pflichtteilslast verändern können.

3. Kapitel
Berücksichtigung der Ergebnisse bei der Gestaltung letztwilliger Verfügungen

I. Recht zur Verteilung der Pflichtteilslast

Das Recht des Erblassers, in die interne Verteilung der Pflichtteilslast zwischen Erben und Vermächtnisnehmern einerseits sowie der Miterben untereinander andererseits einzugreifen, wird zumeist[202] auf § 2324 gestützt. Indes hat § 2324 nur rechtsbekundenden Charakter. Dies folgt schon aus dem Umstand, dass die Befugnis des Erblassers, über die Verteilung der Pflichtteilslast im Innenverhältnis zu entscheiden, von seiner testamentarischen Gestaltungsfreiheit gedeckt ist. Hier sind dem Erblasser keine Grenzen aufgezeigt. Lediglich das Pflichtteilsrecht erinnert ihn daran, dass seine Anordnungen möglicherweise nicht durchsetzbar sind. So sind denn auch nur die Regelungen, die das Pflichtteilsrecht schützen sollen, in § 2324 als nicht abdingbar ausgeklammert. Da das Pflichtteilsrecht ohnehin die Schranke durchsetzbarer Gestaltungsfreiheit ist, hätte es mithin des § 2324 nicht zwingend bedurft. Für diese Auffassung spricht auch die Entstehung der Vorschrift. In den Motiven findet sich hierzu die Erläuterung, dass die Regelung notwendig sei, da anderenfalls der Anschein gewonnen werden könne, als sei die Verfügungsmacht des Erblassers auf die Fälle der §§ 1993, 1994 beschränkt und ihm stehe nicht die Befugnis zu, Abweichendes von der sich nach den §§ 1995 – 1997 ergebenden Haftung anzuordnen[203].

Trifft der Erblasser im Rahmen des § 2324 eine abweichende Anordnung, weist diese letztlich einen ähnlichen Charakter wie die Teilungsanordnung nach § 2048 auf. Unterschied ist lediglich, dass die Teilungsanordnung auf die zugewiesenen Werte keinen Einfluss hat, weil der Wert des im Wege der Teilungsanordnung zugewiesenen Gegenstandes bei der Auseinandersetzung wieder angerechnet wird. Ebenso wie die Teilungsanordnung[204] wirkt eine Anordnung nach § 2324 nur schuldrechtlich und kann, sofern der Erblasser nicht besondere Schutzvorkehrungen traf, von den Erben und Vermächtnisnehmern unbeachtet bleiben, wenn eine entsprechende Übereinstimmung vorliegt. Da jedoch

---

[202] OLG Stuttgart, BWNotZ 1985, 88; MüKo-Frank, § 2324 Rdnr.1.

[203] Motive V, S. 424.

[204] MüKo-Dütz, § 2048 Rdnr. 8.

mit der Anordnung nach § 2324 regelmäßig Wertverschiebungen zwischen den einzelnen am Nachlass Beteiligten verbunden sind, wird dies kaum praxisrelevant sein.

II. Pflichten des Vertragsgestalters

Umso mehr ist der rechtsgestaltende Jurist gefordert, klar und präzise den Erblasserwillen zu formulieren, will dieser von den Vorschriften der §§ 2318 – 2323 Abweichendes bestimmen beziehungsweise Anordnungen treffen, die sich mit der Auslegung der Rechtsprechung der vorgenannten Vorschriften nicht decken. Kommt der Kautelarjurist diesem Gebot nicht hinreichend nach, steht zu befürchten, dass er unter Umständen schuldhaft die Ursache für einen über das Tragen der Pflichtteilslast zu führenden Rechtsstreit setzt, für dessen Kosten er haftbar gemacht werden kann. Gerade wenn die Interessen von Pflichtteilsberechtigten und Vermächtnisnehmern betroffen sein können, hat dies zu gelten. So bestehen die dem Notar obliegenden Amtspflichten nicht nur gegenüber dem Testierenden, sondern auch gegenüber denjenigen Personen, deren Interessen nach der besonderen Natur des Amtsgeschäfts durch dieses berührt werden und in deren Rechtskreis eingegriffen werden kann, auch wenn sie durch die Amtsausübung nur mittelbar oder unbeabsichtigt getroffen werden[205].

In dem vom RG[206] zur Frage der Amtspflichtverletzung bei der Berücksichtigung der Pflichtteilslast entschiedenen Fall ging der zur notariellen Niederschrift erklärte letzte Wille des Erblassers dahin, sein Vermögen unter die Kinder 1. Ehe auf der einen Seite und die Ehefrau 2. Ehe zu teilen. Des Umstandes, dass die Kinder 2. Ehe Pflichtteilsansprüche geltend machen konnten, war nicht gedacht. Weil den Kindern 1. Ehe die Verteilung der Pflichtteilslast nach Pflichtteilsverlangen der Kinder aus 2. Ehe unklar war, schlossen sie einen gerichtlichen Vergleich, um der vermeintlichen Gefahr einer höheren Inanspruchnahme wegen der Pflichtteilslast zu weichen. In dem gegen den Notar daraufhin angestrengten Haftungsprozess eines Kindes aus 1. Ehe ging das Berufungsgericht seinerzeit davon aus, in dem Testament sei das Tragen der Pflichtteilslast in der Weise bestimmt, dass der Erbengruppe Kinder 1. Ehe eine Beteiligung an der Pflichtteilslast nicht gedroht habe. Obgleich diese Annahme im Haftungsprozess dem Notar als Beklagten günstig war, ging

---

[205] BGH DNotZ 1983, 776 (777) und DNotZ 1988, 372 (374).
[206] RG WarnR 1939 Nr. 63.

das RG dennoch von einer Haftung des Notars dem Grunde nach aus, weil er es unterlassen habe, § 2324 klar und zweifelsfrei in das Testament hineingebracht zu haben[207]. Das RG sah darin einen Verstoß des Notars gegen eine den Kindern 1. Ehe gegenüber obliegende Amtspflicht und bejahte insofern eine Haftung des Notars dem Grunde nach.

Keinesfalls darf sich der rechtsgestaltende Jurist deshalb darauf verlassen, dass es nach der Rechtsprechung[208] durchaus genügen kann, wenn sich eine die gesetzliche Verteilung der Pflichtteilslast modifizierende Absicht des Erblassers aus dem Gesamtzusammenhang der letztwilligen Verfügung ergibt. Zwar kann nicht verhindert werden, dass die letztwillige Verfügung Gegenstand eines Rechtsstreits wird, doch zwingen die dem Rechtsanwalt oder Notar obliegenden Beratungs- oder Amtspflichten[209] dazu, die Beteiligten über Rechte und Pflichten sowie deren Folgen im Erbfall nicht nur zu unterrichten, sondern im Sinne vorbeugender Streitvermeidung auch die geäußerten Gestaltungswünsche möglichst klar und präzise niederzuschreiben. Mithin darf aus dem reichsgerichtlichen Urteil[210] die Lehre gezogen werden, dass der Notar wegen der vielfältigen mit dem Tragen der Pflichtteilslast verbundenen Auslegungsschwierigkeiten aufgerufen ist, den Erblasser auf dieses Problem hinzuweisen, soweit Pflichtteilsansprüche zu befürchten stehen, eine Erbenmehrheit im Außenverhältnis haftet oder aber Vermächtnisse ausgesetzt sind.

Daneben ist der rechtsgestaltende Jurist gehalten, den vom Zeitpunkt des Testaments oder Erbvertrages aus gesehen sichersten Weg[211] zu wählen, sprich eine letztwillige Verfügung zu entwerfen, die richterlicher Überprüfung standhält. Herrscht Streit darüber, ob eine bestimmte Anordnung wirksam vorgenommen werden kann, wie hinsichtlich der Frage, ob von § 2318 Abs. 3 abweichend verfügt werden kann[212], ist der beratende Jurist grundsätzlich verpflichtet, eine Anordnung auszuarbeiten, die sich mit der Gesetzesauslegung der Rechtsprechung verträgt und damit jedenfalls Bestand hat. Will der Testierende dennoch eine derart umstrittene Anordnung treffen, wird er darüber aufzuklären sein, dass eine solche möglicherweise nicht wirksam ist und gerichtlich verworfen werden

---

[207] RG WarnR 1939 Nr. 63
[208] OLG Stuttgart BWNotZ 1985, 88.
[209] Keidel/Winkler, Beurkundungsgesetz, § 17 Rdnr. 1 ff.
[210] RG WarnR 1939 Nr. 63.
[211] Eylmann/Vaasen-Frenz, Beurkundungsgesetz, § 17 Rdnr. 7 ff., Reithmann, Handbuch der notariellen Vertragsgestaltung, Rdnr. 35.
[212] Siehe S. 52 ff.

kann. Schon zu seinem eigenen Schutz wird der Notar einen entsprechenden Belehrungsvermerk in die letztwillige Verfügung aufnehmen und damit der Soll-Vorschrift des § 17 Abs. 2 Beurkundungsgesetz gehorchen.

Bevor der Rechtsgestalter in das System des Gesetzgebers eingreift, ist er aufgerufen, den Willen des Erblassers zu erforschen[213] und ihm sodann Mittel aufzuzeigen, diesen Willen durchzusetzen. Es ist nötigenfalls darüber zu unterrichten, dass manche Vorstellungen Geboten der Rechtsordnung zuwiderlaufen. Damit der Erblasser selbst seine Willensbildung prüfen kann, wird es im Zweifel geraten sein, sofern vorhanden, die betreffenden dispositiven Regelungen und dahinter stehenden Motive des Gesetzgebers zu erläutern. Je nach Ausgangslage und Motivation des Erblassers gilt es sodann, Vorschläge zu erarbeiten für Anordnungen, die von der gesetzlichen Regelung abweichen oder von der Rechtsprechung vorgenommene Auslegung dieser Normen korrigieren.

Da auch die Streitvermeidung bei der Gestaltung des Rechtsgeschäfts zu den zu beobachtenden Pflichten des Rechtsgestalters zählt, ist überdies darauf zu achten, die Punkte, die höchstrichterlich noch nicht entschieden sind oder bei denen durchaus unterschiedliche Ansichten vertreten werden können, so in die Formulierung einfließen zu lassen, dass Streit möglichst nicht entbrennen kann.

Tunlichst ist zudem darauf hinzuwirken, Vorsorge für Entwicklungen zu treffen, deren Ursache in der letztwilligen Verfügung selbst liegt. Am Hervorstechendsten in diesem Bereich ist sicherlich das Zusammenspiel zwischen den §§ 2306 und 2307 sowie den Vorschriften über die Verteilung der Pflichtteilslast. Der hinzugezogene Jurist müsste sich den berechtigten Vorwurf einer mangelnden Störfallvorsorge gefallen lassen, ließe er bei Anordnungen des Erblassers, die unter §§ 2306 und/oder 2307 zu subsumieren sind, außer acht, dass eingesetzten oder belasteten Erben die Möglichkeit offen steht, nach Ausschlagung der Erbschaft oder eines Vermächtnisses den Pflichtteil zu verlangen.

Dass die Anforderungen an eine letztwillige Verfügung möglicherweise überspannt werden, verlangt man, alle erdenklichen künftigen Entwicklungen in die Betrachtung einzubeziehen, versteht sich von selbst. Indes versteht sich dieses Unterfangen auch als Anregung, über die auf den ersten Blick eher am Rande liegende, aber haftungsträchtige Frage des

---

[213] Eylmann/Vaasen-Frenz, Beurkundungsgesetz, § 17 Rdnr. 4.

Tragens der Pflichtteilslast genauer zu reflektieren und diesen Punkt bei dem Entwurf einer letztwilligen Verfügung nicht nur „checklistenartig" abzuhaken.

III. Bestandsaufnahme

Sobald einem gesetzlichen Erben das Recht zusteht, einen Pflichtteilsanspruch zu erheben, stellt sich bei mehreren im Außenverhältnis verpflichteten Erben die Frage, nach welchem Schlüssel diese Last im Innenverhältnis zu verteilen ist. Soweit ein Erbe zusätzlich mit einem Vermächtnis beschwert ist, gestattet ihm der nachgiebige § 2318, den Vermächtnisnehmer an der Pflichtteilslast zu beteiligen.

Obgleich es sich aufdrängt, dass die nachgiebigen Vorschriften über die Verteilung der Pflichtteilslast die endgültige Nachlassverteilung nachhaltig beeinflussen, der Erblasser möglicherweise aber andere Vorstellungen hat als der historische Gesetzgeber, ist der einschlägigen Literatur, die sich der Gestaltung einer letztwilligen Verfügung verschrieben hat, diesbezüglich nicht viel zu entnehmen. Bei N i e d e r [214] findet sich mit dem Hinweis auf eine kurze Kommentierung der Bestimmungen über die Pflichtteilslast lediglich in einem Aufbauschema zur Gestaltung letztwilliger Verfügungen unter Ziffer 15 der Punkt „Abweichende Regelung der Tragung der Pflichtteilslasten". Auch die „Checkliste" Vermächtnisse [215] geht auf die durch § 2324 i.V.m. § 2318 gegebene Möglichkeit, dieses wegen ebenfalls gegen den Erben bestehender Pflichtteilsansprüche zu kürzen, nicht ein. Im vom selben Autor bearbeiteten Münchener Vertragshandbuch findet sich zu dem gesamten Themenkomplex nichts. Einzig E b e n r o t h / F u h r m a n n [216] geben Formulierungsvorschläge an die Hand, wobei der Schwerpunkt ihrer Ausarbeitung auf die Frage gerichtet ist, vermeintliche Härten auszugleichen, die sich durch einen Erbverzicht des Pflichtteilsberechtigten ergeben, sofern sich die Wertverhältnisse im Nachhinein gravierend ändern.

Für die in den ersten beiden Kapiteln dargestellten Konstellationen soll im Folgenden aufgezeigt werden, wie in der Gestaltungspraxis Anordnungen in der letztwilligen Verfügung hierzu aussehen können. Da es sich hierbei

---

[214] Nieder, Handbuch der Testamentsgestaltung, Rdnr. 866 ff.
[215] Nieder, Handbuch der Testamentsgestaltung, Rdnr. 513.
[216] Ebenroth/Fuhrmann, (Fn 43), BB 1989, S. 2049 (2060 f.).

um Vorschläge handelt, sind diese gegebenenfalls der konkreten Situation noch anzupassen.

IV. *Zusammentreffen von Vermächtnis und Pflichtteilsanspruch*

1. Der Fall des § 2318 Abs. 1

§ 2318 Abs. 1 soll Korrektiv dafür sein, dass Vermächtnisse bei der Ermittlung des Nachlasswertes nicht als Passivposten zu berücksichtigen sind. Dafür gewährt § 2318 Abs. 1 dem Erben das Recht, den Vermächtnisnehmer anteilig an der Pflichtteilslast zu beteiligen. Will der Erblasser dem Vermächtnisnehmer das Vermächtnis ungeschmälert zukommen lassen, muss er das Kürzungsrecht des Erben ausschließen.

„Der Erbe darf das Vermächtnis des V wegen eines Pflichtteilsanspruches nicht kürzen. "

Auch bei einem Vorausvermächtnis (§ 2150) muss sich der Erblasser mit der Frage der Pflichtteilslast auseinandersetzen, kann aber, da das Vorausvermächtnis nur der Besonderheit unterliegt, dass es einem Erben zugewendet ist, auf die vorhergehende Formulierung zurückgreifen.

Genauso wie es dem Erblasser gestattet ist, das Tragen der Pflichtteilslast endgültig dem Erben aufzuerlegen, kann er diese Last auch gänzlich dem Vermächtnisnehmer überbürden. Derartiges bietet sich an, wenn neben dem Vermächtnisnehmer bis auf den Erben nur noch ein Pflichtteilsberechtigter existiert, der Erblasser dem Vermächtnisnehmer bis auf die dem Erben zustehende Pfllichtteilsquote nahezu seinen ganzen Nachlass zuwendet und so zum Ausdruck bringt, die Umsetzung seines letzten Willens dem Vermächtnisrecht unterstellen zu wollen (Universalvermächtnis)[217].

a) Auskunftsanspruch des Vermächtnisnehmers

Entscheidet sich der Erblasser dafür, es bei der gesetzlichen Regelung zu belassen, muss er ins Kalkül ziehen, dass der Vermächtnisnehmer in einer misslichen Situation steckt, da ihm das Gesetz gegen den Erben keinen

---

[217] MüKo-Schlichting, vor § 2147 Rdnr. 4.

Anspruch auf Auskunft über den Nachlassbestand gewährt[218]. Um hier sanften Druck auf den Erben auszuüben, dem Vermächtnisnehmer Gelegenheit zu geben, die Höhe des ihm entgegenstehenden Kürzungsrechts zu berechnen, empfiehlt es sich, das Kürzungsrecht an die Bedingung zu knüpfen, dass der beschwerte Erbe dem Vermächtnisnehmer entsprechend Auskunft erteilt. Dies hätte zur Folge, dass der Erbe schon im eigenen Interesse an der Erhaltung der Kürzungseinrede einem entsprechenden Verlangen des Vermächtnisnehmers nachkommt.

„Es soll bei der gesetzlichen Regelung über die Verteilung der Pflichtteilslast verbleiben. Der Erbe verliert seine Kürzungsmöglichkeit gegenüber dem Vermächtnisnehmer, wenn er ihm nicht innerhalb sechs Wochen nach Zugang einer schriftlichen Aufforderung Auskunft über den Nachlassbestand erteilt."

Um den Erben dazu anzuhalten, seiner Auskunftspflicht sorgfältig nachzukommen, ist angeraten, ein Versäumnis in diese Richtung gleichfalls zu sanktionieren. Dazu bietet sich der Zusatz an:

„Die gleiche Rechtsfolge tritt ein, sofern die Auskunft nicht den Anforderungen des § 2314 genügt."

Geht es dem Erblasser darum, nur die prozessuale Situation des Vermächtnisnehmers zu verbessern, dem Erben indes nicht das Kürzungsrecht zu nehmen, besteht die Möglichkeit, dem Vermächtnisnehmer als Annex zum eigentlichen Vermächtnis das Recht zuzuwenden, von dem Erben Auskunft über den Nachlassbestand zu verlangen.

b) Effektive Belastung des Erben

Da es bislang an verlässlicher Rechtsprechung zu der Frage fehlt, ob das Kürzungsrecht des Erben daran knüpft, dass er auf den Pflichtteil tatsächlich in Anspruch genommen wird[219], ist es geboten, diese Frage zu klären. Aufgegeben ist dem Vertragsjuristen damit, den Testierenden darüber zu informieren, dass sich Pflichtteilsansprüche unterschiedlich entwickeln können und sich dies auf das dem Erben grundsätzlich zustehende Kürzungsrecht je nach vertretenem Standpunkt unterschiedlich auswirken kann. Um gerichtliche Auseinandersetzungen zu vermeiden,

---

[218] Siehe oben S. 9 ff.
[219] Siehe oben S. 11 ff.

sollte in die letztwillige Verfügung eine Erklärung des Erblassers aufgenommen werden, ob er es bei dem Kürzungsrecht belassen will oder ob
dieses Recht durch eine Inanspruchnahme des Erben bedingt sein soll.

*„Der Erbe darf das Vermächtnis nur kürzen, wenn er wegen einer
Pflichtteilsforderung in Anspruch genommen wird."*

Für den Fall, dass das Kürzungsrecht nicht daran gebunden sein soll, dass
Pflichtteilsansprüche erhoben werden, ist der nach hier vertretener
Auffassung[220] insoweit klarstellende Zusatz notwendig:

*„Das Kürzungsrecht des Erben gegenüber dem Vermächtnisnehmer ist
nicht davon abhängig, dass Pflichtteilsansprüche geltend gemacht
werden."*

2. Der pflichtteilsberechtigte Vermächtnisnehmer

Obwohl § 2324 regelt, dass der Erblasser § 2318 Abs. 2 nicht abbedingen
kann, ist es sinnvoll, angesichts der mit dieser Vorschrift verbundenen
Auslegungsschwierigkeiten[221] erläuternde Vermerke in die letztwillige
Verfügung aufzunehmen.

Da § 2318 Abs. 2 nur Probleme bereiten kann, wenn der pflichtteilsberechtigte Vermächtnisnehmer ein Vermächtnis zugewendet bekommt, das
zumindest der Höhe seines Pflichtteils entspricht, sollte der Erblasser,
nachdem er die Vorfrage entschieden hat, ob auch der pflichtteilsberechtigte Vermächtnisnehmer an der Pflichtteilslast zu beteiligen ist,
festlegen, welchen Betrag dieser zur anteiligen Kürzung hergeben muss.
Dafür kommt einmal das Vermächtnis als Ganzes in Betracht, wobei in
diesem Fall nicht unter die zwingende Grenze des Pflichtteils gekürzt
werden darf. Denkbar ist nach der hier vertretenen Auffassung[222] aber auch,
im Rahmen des § 2318 Abs. 2 das Vermächtnis abzüglich des dem
Vermächtnisnehmer gebührenden Pflichtteils als Wert der Zuwendung
anzusehen. Ist dem Erblasser daran gelegen, dass der pflichtteilsberechtigte
Vermächtnisnehmer nur anteilig mit dem seinen Pflichtteil
überschießenden Betrag für Pflichtteilsansprüche im Innenverhältnis haftet,
ist dies niederzulegen, sonst droht das gesamte Vermächtnis belastet zu

---

[220] Siehe oben S. 14 ff.
[221] Siehe oben S. 18 ff.
[222] Siehe oben S. 26 ff.

werden. Gewährleistet wäre durch eine entsprechende Anordnung überdies, dass die wertungsmäßige Unterscheidung, die der Erblasser durch Auslobung eines Vermächtnisses treffen wollte, auch zum Tragen kommt und sich nicht, wie wenn man der Auffassung der Literatur folgte[223], in manchen Konstellationen als überflüssig erweist.

„Für Zwecke der Beteiligung an Pflichtteilslasten gilt lediglich der den Pflichtteil des Vermächtnisnehmers überschießende Betrag als Vermächtnis."

Sofern auch der Erbe zu dem Kreis der Pflichtteilsberechtigten gehört, kommt der Erblasser nicht umhin zu bestimmen, ob auch dessen fiktiver Pflichtteil in die Berechnung über die Verteilung der Pflichtteilslast einzufließen hat. Sonst kann nämlich die Kritik Pestaschowskys aufgegriffen werden, dass es bei solcher Art der Berechnung folgerichtig sei, auch den Erwerb des Erben außer Ansatz zu lassen, der nur seinen Pflichtteil deckt[224].

Nicht notwendig ist es, dem pflichtteilsberechtigten Vermächtnisnehmer zur Berechnung seines Anspruches einen Auskunftsanspruch gegen den Erben zu gewähren, da er nach § 2314 bereits berechtigt ist, Auskunft über den Nachlassbestand zu verlangen[225].

3. Der Begriff der Pflichtteilslast

Maßgeblich beeinflusst wird die Höhe des Kürzungseinrede und damit auch die Last, den Pflichtteil im Innenverhältnis zu tragen, davon, welches Verständnis man dem Begriff der Pflichtteilslast beilegt. Gezeigt hat sich, dass es gerade in Kollisionsfällen zu Ergebnissen kommen kann, die von dem Grundsatz abweichen, Vermächtnisnehmer und Erben anteilig im Verhältnis ihrer Beteiligung am Nachlass für den Pflichtteil haften zu lassen.

Streit zwischen den Parteien ist programmiert, kollidiert § 2318 Abs. 1 mit § 2318 Abs. 2. Subsumiert man nur als Pflichtteilsanspruch erhobene Forderungen unter Pflichtteilslast, kann es zu den aufgezeigten Verteilungsproblemen kommen. Will der Erblasser hingegen den an der

---

[223] Soergel-Dieckmann, § 2318 Rdnr. 11.
[224] Pestaschowsky, Die Pflichtteilslast nach dem BGB, S. 9.
[225] Palandt-Edenhofer, § 2314 Rdnr. 2.

Beteiligung am Nachlass ausgerichteten Verteilungsmaßstab aufrechterhalten, sollte er in der letztwilligen Verfügung darlegen, wie der Begriff der Pflichtteilslast in diesen Konstellationen auszulegen ist. Hier kann es sich empfehlen, die Pflichtteilslast losgelöst davon zu betrachten, ob Pflichtteilsansprüche geltend gemacht werden. Pflichtteilslast wäre sodann als der Teil des (nicht dem Erben zugewandten) Nachlasses aufzufassen, über den der Erblasser durchsetzbar nicht mehr verfügen kann. Daran sind Erbe und Vermächtnisnehmer verhältnismäßig zu beteiligen. Da die diesseits vollzogene Auslegung des Begriffes der Pflichtteilslast keineswegs als unumstritten vorausgesetzt werden darf, ist es ratsam, in Kollisionsfällen eine auslegende Erläuterung in die letztwillige Verfügung aufzunehmen. Eine derartige Erläuterung ist durch die Testierfreiheit des Erblassers gedeckt; ihr steht der mögliche Einwand, damit werde in den zwingenden § 2318 Abs. 2 eingegriffen, nicht entgegen. Dieser kann nur insoweit zwingend sein, als es darum geht, das Pflichtteilsrecht des Vermächtnisnehmers zu schützen. Dieses bleibt allerdings nicht nur unberührt. Vielmehr kommt die diesseits vollzogene Auslegung und ein klarstellender Vermerk in der letztwilligen Verfügung dem pflichtteilsberechtigten Vermächtnisnehmer sogar zugute, da damit die leidige „Ausfalldiskussion"[226], die auch auf seinem Rücken ausgetragen wird, obsolet ist.

„Die Verteilung der Pflichtteilslast hat mit der Maßgabe zu erfolgen, dass fiktive Pflichtteilsansprüche in die Berechnung der Pflichtteilslast einbezogen werden."

4. Verzicht des Vermächtnisnehmers

Hat der Pflichtteilsberechtigte im Wege eines Rechtsgeschäftes unter Lebenden gegen Auslobung eines Vermächtnisses auf seine Erbenstellung und damit auch auf seinen Pflichtteil verzichtet, entfällt der Schutz des 2318 Abs. 2[227]. Steht aufgrund heterogener Zusammensetzung des Vermögens darüber hinaus zu befürchten, dass sich die Wertverhältnisse nachhaltig verschieben, ist es angebracht, zugunsten des ehedem pflichtteilsberechtigten Vermächtnisnehmers Regelungen aufzunehmen. Damit kann ihm im Erbfall zumindest sein fiktiver Pflichtteil verbleiben, sofern der Wert des zugewiesenen Vermächtnisses diesen fiktiven Pflichtteil nicht übersteigt. Modifiziert wird jedoch nicht § 2318 Abs. 2,

---

[226] Siehe oben S. 29 ff.
[227] Siehe oben S. 34 ff.

sondern § 2318 Abs. 1, denn hier kann das Tatbestandsmerkmal „verhältnismäßig" als Aufhänger für eine rechtsgestaltende Änderung dienen. Ebenroth/Fuhrmann[228] wollen den verzichtenden Pflichtteilsberechtigten durch folgende Klausel schützen, die allerdings nicht uneingeschränkt übernommen werden muss:

„Eine anteilsmäßige Kürzung des Vermächtnisses ist nicht statthaft, sofern der Wert des Vermächtnisses im Zeitpunkt des Erbfalls den Wert des fiktiven Pflichtteils des verzichtenden Vermächtnisnehmers nicht übersteigt. § 2318 Abs. 2 findet Anwendung. "

Satz 2 dieser Klausel erweist sich als überflüssig, da mit Satz 1 schon festgelegt ist, wie das Vermächtnis des pflichtteilsberechtigten Vermächtnisnehmers zu kürzen ist. Allenfalls kann Satz 2 als zusätzliches Indiz dafür gewertet werden, dass der Problematik des § 2318 Abs. 2 gedacht wurde.

5. Der pflichtteilsberechtigte Erbe

Es hat sich erwiesen, dass § 2318 Abs. 3 den pflichtteilsberechtigten Erben zwar schützt, es nach der Rechtsprechung dennoch Sachverhalte geben kann, in denen der Erbe, schlägt er nicht aus, unter seinen Pflichtteil gelangt[229]. Im Sinne des Erblassers kann es indes nicht liegen, dass der Erbe, womöglich erst durch Wertverschiebungen im Vermögen des Erblassers nach Errichtung der letztwilligen Verfügung bedingt, unter seinen Pflichtteil gerät. Dies hätte nämlich unweigerlich zur Konsequenz, dass der gut beratene Erbe ausschlägt und sich auf die Position des kapitalistischen Pflichtteilsgläubigers zurückzieht. Dadurch wären möglicherweise die Vorstellungen des Erblassers, die auch an die von ihm auserwählte Person des Erben geknüpft sind, vereitelt. Um es soweit nicht kommen zu lassen, muss von vornherein nach Möglichkeiten Ausschau gehalten werden, den Erben zu schützen und damit die Durchsetzung des Erblasserwillens zu wahren. Da die Rechtsprechung das Kürzungsrecht in Gedenk des Fassung des § 2318 Abs. 3 auf die Höhe der geltend gemachten Pflichtteilsansprüche beschränkt und sich dies letztlich als Ursache der weitergehenden Haftung des Erben darstellt[230], vermag eine Privilegierung des pflichtteilsberechtigten Erben nur erreicht zu werden,

---

[228] Ebenroth/Fuhrmann, (Fn 43), BB 1989, S. 2049 (2060).
[229] Siehe oben S. 40 ff.
[230] BGHZ 95, 222 (227 f.).

indem die interne Haftung des Vermächtnisnehmers für die Pflichtteilslast über den von der Rechtsprechung gezogenen Bereich ausgedehnt wird.

Bevor Überlegungen angestellt werden, den Schutz des pflichtteilsberechtigten Erben zu erweitern, bedarf es der Klärung, ob § 2318 Abs. 3 überhaupt in diese Richtung hin abbedungen werden kann, da § 2324 diese Vorschrift ausdrücklich davon ausnimmt, durch Verfügung von Todes wegen geändert zu werden. Beantworten lässt sich dies nur, vergegenwärtigt man sich den Zweck, den der Gesetzgeber durch diesen Ausnahmetatbestand verfolgt. Ihm geht es darum, den Pflichtteil des Erben zu schützen. Ungeachtet der umstrittenen Frage, ob in § 2318 Abs. 3 zugunsten des Vermächtnisnehmers verändernd eingegriffen werden kann, ist es für den durch § 2324 i.V.m. § 2318 Abs. 3 geschützten pflichtteilsberechtigten Erben nur vorteilhaft, weitet der Erblasser dessen Rechtsstellung noch aus. Eine andere Auslegung, die jegliche abweichende Anordnung untersagt, wendet sich gegen den pflichtteilsberechtigten Erben, dessen Interessen § 2324 i.V.m. § 2318 Abs. 3 gerade sichern will. Überdies ist zu bedenken, dass dem Vermächtnisnehmer durch eine den § 2318 Abs. 3 erweiternde Anordnung kein Einbuße widerfährt, da seine Position nicht so schutzwürdig ist wie die des pflichtteilsberechtigten Erben, zu dessen Schutz § 2318 Abs. 3 berufen ist. Schlüge nämlich der Erbe aus, gebührte ihm sein Pflichtteil, was zu Lasten des Vermächtnisnehmers ginge, da seine Forderung der der Pflichtteilsberechtigten nachrangig ist. § 2324 ist folglich dahingehend zu verstehen, dass von § 2318 Abs. 3 abweichende Anordnungen erlaubt sind, dienen sie dem pflichtteilsberechtigten Erben.

Für die Formulierung der abweichenden Bestimmung kommen wiederum zwei Ansätze in Betracht. Will der Erblasser dem pflichtteilsberechtigten Erben garantieren, dass ihm sein Pflichtteil verbleibt, muss er die in § 2318 Abs. 3 normierte Beschränkung der Kürzungseinrede auf die Höhe der gegenüber dem Erben erhobenen Pflichtteilsansprüche aufheben.

„Abweichend von § 2318 Abs. 3 kann der pflichtteilsberechtigte Erbe Vermächtnisse soweit kürzen, dass ihm sein eigener Pflichtteil verbleibt."

Sichergestellt ist damit, dass der Erbe zumindest seinen Pflichtteil bekommt. Gebannt ist dadurch indes nicht die Gefahr, dass der Erbe die Erbschaft ausschlägt und seinen Pflichtteil verlangt, um die mit der Erbenstellung verbunden Unannehmlichkeiten zu vermeiden. Wirtschaftlich kommt es für den eingesetzten Erben auf dasselbe hinaus, ob er annimmt oder ausschlägt. Ist dem Erblasser daran gelegen, dass der eingesetzte Erbe nicht von dieser Möglichkeit Gebrauch macht, muss er einen entsprechenden Anreiz bieten. Dieser kann darin liegen, dem Erben das Recht einzuräumen, den Vermächtnisnehmer nicht an dem effektiven, sondern an dem Wert der fiktiven Pflichtteilsansprüche, also auch an den Pflichtteilsansprüchen des Erben und des Vermächtnisnehmers, zu beteiligen. Entsprechend höher fiele der endgültig bei dem Erben verbleibende Nachlass aus. Zudem stellt dieser Ansatz sicher, dass der Vermächtnisnehmer mit seiner Forderung anteilig an den unentziehbaren Lasten der Erbschaft beteiligt wäre, unabhängig davon, nach welcher Anspruchsgrundlage diese erhoben werden.

„Eine anteilsmäßige Kürzung des Vermächtnisses ist statthaft. Der Erbe ist berechtigt, den Vermächtnisnehmer auch an den fiktiven Pflichtteilsansprüchen zu beteiligen. "

Das Beispiel 7[231] ließe sich bei solcher Anordnung folgendermaßen vorteilhaft auflösen:

Nachlasswert:	10.000,-- €
Pflichtteil A:	2.500,-- €
Vermächtnis V:	4.000,-- €
Erbe B:	3.500,-- €

Diese Lösung führt dazu, dass V in Höhe des Verhältnisses seiner Beteiligung am Nachlass (4/5) verpflichtet ist, die auf der Erbschaft ruhenden unentziehbaren Lasten, fiktiver Pflichtteil = 5.000,-- €, zu tragen. Zudem wäre B motiviert, die Erbschaft anzunehmen, da ihm das erweiterte Kürzungsrecht insoweit zustatten kommt, als er mehr als den Pflichtteil erhält.

6. Das Zusammentreffen von § 2318 Abs. 2 und 3

Zu Recht weist F r a n k [232] darauf hin, dass das Kollisionsproblem dieser Normen nur geringe praktische Bedeutung hat, da ungeachtet der Frage, ob dem Vermächtnisnehmer oder dem Erben der Vorrang einzuräumen ist, einer von beiden aufgrund des Vorrangs des jeweils anderen unter seinen Pflichtteil kommen kann und gut beraten ist, die Erbschaft oder das

---

[231] Siehe oben S. 40.
[232] MüKo-Frank, § 2318 Rdnr. 10.

Vermächtnis auszuschlagen und sich auf den Pflichtteil zurückzuziehen. Zu bedenken hat der vertragsgestaltende Jurist dieses Kollisionsproblem überdies nur dann, wenn neben dem einem pflichtteilsberechtigten Vermächtnisnehmer ausgelobten Vermächtnis ein weiteres Vermächtnis ausgesetzt ist, das mehr als die Hälfte des Nachlasses beträgt[233]. Nur in dieser außergewöhnlichen Situation empfiehlt es sich neben dem unerlässlichen Hinweis darauf, dass Erbe und Vermächtnisnehmer unbeschadet ihrer Pflichtteilsansprüche ausschlagen können, eine Regelung zu treffen, um einer gerichtlichen Auseinandersetzung vorzubeugen. Da der Erblasser § 2318 Abs. 2 zu Lasten des Vermächtnisnehmers nicht abbedingen kann und eine Änderungsmöglichkeit des § 2318 Abs. 3 zu Lasten des Erben umstritten ist[234], kann der Erblasser das Verhältnis beider Normen zueinander nur derart beeinflussen und Zweifeln bei der späteren Verteilung des Nachlasses vorbeugen, indem er sie nebeneinander für anwendbar erklärt.

V. Die Verteilung der Pflichtteilslast in der Miterbengemeinschaft

Setzt der Erblasser mehrere Erben in Miterbengemeinschaft ein, steht daneben aber noch ein Pflichtteilsberechtigter, muss sich der Erblasser mit der Frage auseinandersetzen, wen die damit einhergehende Pflichtteilslast in welcher Höhe treffen soll.

In besonderer Weise gilt dies, wenn sich die Miterbengemeinschaft nicht nur aus primär zur Erbfolge Berufenen zusammensetzt, sondern auch daneben stehende gesetzliche Erben oder gar Familienfremde Mitglieder der Erbengemeinschaft werden sollen. Trifft der Erblasser hier keine abweichenden oder erläuternden Regelungen, überlässt er das Schicksal des Nachlasses hinsichtlich der Frage des Ersatzmannes und dessen erlangtem Vorteil den von der Rechtsprechung getragenen teilweise schematisierenden Vorstellungen. Selbst diese sind jedoch nicht derart eindeutig, dass nach dem Erbfall mit Bestimmtheit gesagt werden kann, wie verteilt wird. Besonders kennzeichnend hierfür ist der Lösungsvorschlag, den M a u c h für den von ihm gebildeten Fall (Beispiel 17) anbietet[235].

---

[233] Siehe oben S. 49 ff.
[234] Siehe oben S. 52 ff.
[235] Siehe oben S. 84.

Zusätzliche Probleme können auftauchen, wenn die Miterbengemeinschaft als ganzes oder einzelne ihrer Mitglieder mit Vermächtnissen beschwert sind, denn § 2323 greift, je nach dem, wen die Pflichtteilslast im Innenverhältnis trifft, unterschiedlich in das Kürzungsrecht des Erben aus § 2318 Abs. 1 ein, was ebenfalls zu nicht bedachten oder nicht gewollten Ergebnissen führen kann[236].

Bevor sich der Erblasser allerdings dazu durchringt, verändernd in die nachgiebigen Bestimmungen des § 2320 einzugreifen, müssen die Wertungskriterien bewusst und transparent werden, die bei der Abfassung der letztwilligen Verfügung in die Willensbildung einfließen sollen. Widrigenfalls bliebe im Nachhinein der schale Nachgeschmack, nicht alle für die Willensbildung vernünftigerweise in Betracht zu ziehenden Faktoren gekannt und gewichtet zu haben. Für diesen Vorgang ist es notwendig, sich der gesetzlichen Vorstellungen bewusst zu werden, die in den vorliegenden unterschiedlichen Konstellationen greifen, wenn nichts anderes angeordnet wird. Dabei darf der Blick allerdings nicht nur auf § 2320 gelenkt werden, da auch die übrigen Auslegungsvorschriften beachtet werden müssen, um Klarheit über den vom Gesetzgeber angenommenen regelmäßigen Erblasserwillen zu gewinnen.

Auszugehen ist zunächst vom Zweck des § 2320, entsprechend dem anzunehmenden Willen des Erblassers denjenigen, der statt eines sonst Berechtigten dessen Erbteil erhält, den übrigen Miterben gegenüber zum Tragen der Pflichtteilslast zu verpflichten. Entschließt sich der Erblasser dazu davon abzuweichen, sollte ihm der Rechtsberater aufzeigen, dass dies in aller Regel damit einhergeht, den durch die Vorschriften über die gesetzliche Erbfolge, aber auch durch testamentarische Auslegungsvorschriften (§ 2069) vorgegebenen Grundsatz der Gleichbehandlung der Stämme zu durchbrechen. Wird nämlich einer von mehreren Miterben im Verhältnis zu anderen an Lasten beteiligt, die nach dem Gesetz nur innerhalb eines Stammes auszugleichen sind, kann dies möglicherweise aus Sicht des hierdurch belasteten Miterben zu vermeintlichen Ungerechtigkeiten führen.

Der Erblasser hat darüber zu reflektieren, welchen Verteilungsmaßstab er für das Tragen der auf der Erbschaft ruhenden Lasten gewahrt wissen will. Letztlich bieten sich dazu mehrere an, deren sich der Erblasser bewusst sein sollte, um sich durch klare Formulierung für einen Verteilungsweg zu entscheiden.

---

[236] Siehe oben S. 93 ff.

vOlshausen[237] stellt für die Frage der Verteilung der Pflichtteilslast Kriterien vor. Grobe Richtschnur kann zunächst bei der Verteilung von Lasten die Parallelität von Vorteil und Nachteil sein. Plastisch formuliert vOlshausen:

„Wer den Vorteil von einer Angelegenheit hat, soll auch den damit verbundenen Nachteil tragen[238]."

Der Erblasser sollte sich also überlegen, welcher Umstand vorteils- bzw. lastenauslösend sein soll.

Einerseits kann es sich anbieten, den Vorteil, den die Beteiligten aus dem Erbfall ziehen, zum Maßstab für die Verteilung der Pflichtteilslast zu nehmen. Parallel zu Überlegungen der verhältnismäßigen Beteiligung des Vermächtnisnehmers an der Pflichtteilslast hieße dies, die Miterben nach dem Verhältnis ihrer Erbquoten im Innenverhältnis für die Pflichtteilslast haften zu lassen.

Möglicherweise wird eine derartige Verteilung allerdings des Umstandes nicht gerecht, dass diese besondere Nachlassverbindlichkeit erst dadurch entstehen kann, dass der Erblasser durch Enterbung in das System gesetzlicher Erbfolge eingegriffen hat. Sofern der Erblasser den letztgenannten Punkt als maßgeblich erachtet, bieten sich wiederum verschiedene Kriterien an, die für seine Willensbildung relevant sein können. Einmal kann sich der Erblasser an der gesetzlichen Erbfolge orientieren und diejenigen für die Pflichtteilslast aufkommen lassen, die aus der Zurückstufung eines gesetzlichen Erben auf den Pflichtteil durch eine höhere Erbquote oder gar erst das Erlangen einer Erbenstellung Nutzen ziehen. Neben dieser objektiven Betrachtung kann sich der Erblasser aber auch dafür entscheiden, gerade die Zuwendung des ehedem dem Pflichtteilsberechtigten zugedachten Erbteils ausschlaggebend für die Bestimmung desjenigen sein zu lassen, der die Pflichtteilslast schlussendlich zu bewältigen hat.

Hinweisen sollte der Kautelarjurist den Erblasser jedenfalls auch auf die Möglichkeit, neben dieser an bestimmten Kriterien orientierten Wertung für die Verteilung der Pflichtteilslast diese willkürlich innerhalb der durch das Pflichtteilsrecht gezogenen Schranken vorzunehmen.

---

[237] vOlshausen, (Fn 32), MDR 1986, 89.
[238] vOlshausen, (Fn 32), MDR 1986, 89.

Ungeachtet, welcher Gesichtspunkt für den Erblasser entscheidend ist, ist dem Rat Ebenroth/Fuhrmanns[239] zu folgen, bei mehreren Erben dieses Problem stets in der letztwilligen Verfügung einer Regelung zuzuführen. Denn gerade die im Rahmen des § 2320 auftauchenden Auslegungsschwierigkeiten können je nach vertretenem Standpunkt zu unterschiedlichen Ansichten über die Verteilung der Pflichtteilslast führen. Unnötigerweise kann hier der Boden künftigen Streits gesät werden.

1. Die Verteilung der Pflichtteilslast bei gesetzlicher Erbfolge

Bei gesetzlicher Erbfolge kann der Erblasser seinen Willen, in die Verteilung der Pflichtteilslast einzugreifen, auf unterschiedliche Weise kund tun. Da das Gesetz in § 2320 Abs. 1 die Verpflichtung des „Ersatzmannes" an den Umstand knüpft, dass er teilweise oder ganz in die nach dem Gesetz vorgesehene erbrechtliche Stellung eines Pflichtteilsberechtigten rückt, reicht, will man den dort beschriebenen Verteilungsmodus beibehalten, ein klarstellender Vermerk. Will der Erblasser hingegen die Position des „Ersatzmannes" zu Lasten der Miterben stärken, bietet sich eine Verteilung der Pflichtteilslast nach Erbquoten oder gar Köpfen an.

„Die Miterben tragen die Pflichtteilslast im Innenverhältnis entsprechend ihren Erbquoten/nach Köpfen."

2. Die Verteilung der Pflichtteilslast bei gewillkürter Erbfolge

Mehrere Probleme tauchen bei der Verteilung der Pflichtteilslast im Falle gewillkürter Erbfolge auf. Dies kann schon mit der Frage beginnen, ob in manchen Konstellationen der Anwendungsbereich des § 2320 Abs. 2 überhaupt eröffnet ist[240].

a) Anwendungsbereich

Bedient sich der Erblasser des Instrumentes der Vor- und Nacherbfolge und sind zu Nacherben darüber hinaus Abkömmlinge berufen, hat er zu beachten, dass diese ausschlagen können und ihres Pflichtteilsrechtes nicht

---

[239] Ebenroth/Fuhrmann, (Fn 43), BB 1989, 2049 (2061).
[240] Siehe oben S. 64 ff.

verlustig gehen (§ 2306 Abs. 2). Aufgegeben ist dem Erblasser angesichts der für diesen Fall als unbefriedigend empfundenen Rechtsprechung Vorsorge zu treffen. Determinanten seines Entscheidungsprozesses sind einerseits die Wertungen, die § 2069 zugrunde liegen, aber auch die Motivation, die der Erblasser mit der Anordnung der Vor- und Nacherbfolge verbindet.

Hält der Erblasser den Grundsatz der Gleichbehandlung der Stämme für ausschlaggebend, ist ihm für den Fall, dass er diesen Willen unbeschadet der Ausschlagung eines erstberufenen Nacherben aufrecht erhält, zu raten, eine entsprechende Anordnung zu treffen, da ihm die Rechtsprechung zumindest im dann gefundenen Ergebnis regelmäßig einen anderen Willen unterstellt[241]. In aller Klarheit sollte daher formuliert werden, dass Abkömmlinge eines erstberufenen Nacherben insoweit bedacht sind, als sie bei gesetzlicher Erbfolge an dessen Stelle treten würden, auch wenn der erstberufene Nacherbe ausschlägt. Probates Mittel hierfür ist, die Abkömmlinge des Nacherben als Ersatzerben einzusetzen (§ 2096). Da aber nach dem BayObLG[242] auch eine ausdrückliche Ersatznacherbenberufung nicht verhindert, dass die Abkömmlinge des Nacherben von der Erbfolge ausgeschlossen sind, wenn dieser seinen Pflichtteil geltend macht, wird es notwendig sein, hierauf besonders einzugehen.

Geht der Erblasser diesen Schritt, sollte er in Fortführung seines Ansatzes, die Stämme gleich zu behandeln, vorsorglich den Ausgleichsmodus für das Tragen der Pflichtteilslast bestimmen, denn der grundsätzlich sofort zu berichtigende Pflichtteilsanspruch des Ausschlagenden schmälert die Erbschaftssubstanz, die dem Vorerben bis zum Nacherbfall gebührt, dann jedoch den Nacherben anfällt (§ 2139). Dividierte man die Gemeinschaft der Nacherben entsprechend ihren Erbquoten, ließe man den Umstand unberücksichtigt, dass einem Stamm schon deshalb ein Vorteil widerfuhr, weil er einen Pflichtteilsanspruch bereits geltend machen konnte. Um dem gerecht zu werden und den geldwerten Vorteil, der im frühzeitigen Anfall des Pflichtteilsanspruches liegt, auszugleichen, sollte der Erblasser den Bogen von einer Einsetzung der Abkömmlinge des erstberufenen Nacherben weiterspannen und den dadurch eröffneten Anwendungsbereich des § 2320 Abs. 2 i.V.m. §§ 2050 und 2055 mitregeln.

---

[241] BGHZ 33, 60, OLG Stuttgart OLGZ 82, 271, OLG Frankfurt, Rechtspfleger 1970, 371.
[242] BayObLG FamRZ 1962, 538 (540).

„Ersatzerben der Nacherben sind deren Abkömmlinge so, wie sie bei gesetzlicher Erbfolge an deren Stelle treten. Macht ein Nacherbe seinen Pflichtteil geltend, sind dessen Abkömmlinge verpflichtet, diesen Anspruch zur Ausgleichung zu bringen. Die Ausgleichung bestimmt sich nach den Regeln über die Miterbengemeinschaft. "

Lässt sich der Erblasser hingegen von der Erwägung leiten, Vor- und Nacherbschaft deshalb anzuordnen, um dem längstlebenden Ehegatten eine gesicherte Versorgung zu gewährleisten, die nach Möglichkeit von Pflichtteilsansprüchen verschont bleibt, sollte er entsprechend der von vDickhuth-Harrach[243] beinahe martialisch gewählten Überschrift „Drohung und Verlockung" verfahren. Dem ausschlagenden Nacherben ist durch eine entsprechende Klausel unmissverständlich zu vergegenwärtigen, dass sein Pflichtteilsverlangen für den von ihm repräsentierten Stamm nachteilig und die ausgesetzte Erbquote hinfällig ist, wenn er den Vorerben auf den Pflichtteil in Anspruch nimmt. Die Notwendigkeit hierzu besteht schon aus dem Gesichtspunkt heraus, dass die Rechtsprechung bezüglich der Auslegung bei Wegfall des Nacherben von der Literatur heftig kritisiert wird. Wie gravierend die wirtschaftlichen Verschiebungen durch derartige Anordnung und Ausschlagen des Nacherben sein können, belegt in aller Deutlichkeit Beispiel 12[244]. Die Verlockung besteht eben darin, auf den Nacherbfall zu warten, was durch einen höheren Vermögenszufluss belohnt wird, wenn die Erbschaftssubstanz durch die den Nacherben schützenden Bestimmungen gewahrt bleibt.

b) Der Erbteils- und Zuwendungsbegriff

Besonders empfindlich wird in das vom Erblasser geschaffene System der Vermögensverteilung durch die schematisierende Rechtsprechung zum Begriff der Zuwendung[245] des Erbteils des Pflichtteilsberechtigten eingegriffen. Hat sich der Erblasser nämlich dafür entschieden, Erben nicht nach gleichem Maßstab am Nachlass zu beteiligen, ignoriert die Rechtsprechung und mit ihr die Literatur diesen Umstand bei der Verteilung der Pflichtteilslast und bürdet einer Erbengruppe auf, einen Pflichtteil teilweise mit zu tragen, obgleich sie an dem Vorgang, der zum

---

[243] vDickhuth-Harrach, Ärgernis Pflichtteil? Möglichkeiten der Pflichtteilsreduzierung im Überblick, in Notar und Rechtsgestaltung, Jubiläumsfestschrift des Rheinischen Notariats, S. 185 (210).
[244] Siehe oben S. 69.
[245] Siehe oben S. 80 ff.

Entstehen des Pflichtteilsanspruchs führt, nicht beteiligt ist. Über diese Haftungsverteilung wird in die gewillkürte Nachlassverteilung eingegriffen, da pauschal auf den gesetzlichen Erbteil des Pflichtteilsberechtigten abgestellt wird. Um diesem Eingriff in das vom Erblasser geschaffene Vermögensgefüge zu begegnen, muss der Erblasser die herrschende Meinung zur Auslegung des § 2320 Abs. 2 kennen und dementsprechend diese nachgiebige Vorschrift in der letztwilligen Verfügung verbindlich in seinem Sinne auslegen.

Signifikant wird dieses Problem insbesondere, wenn ein neben einem Erben berufener Vorerbe ausschlägt und der Nacherbe Ersatzerbe ist. Will der Erblasser auch für diesen Fall seine Vermögensverteilung gewahrt wissen, hat er anzuordnen, dass sich die Ausschlagung durch den Vorerben nicht nachteilig auf die Rechtsstellung der übrigen Erben auswirken soll. Korrigierend greift er ein, wenn er bei Vor- und Nacherbschaft bestimmt, dass der Erbteil des Wegfallenden nach § 2320 Abs. 2 der testamentarische Erbteil ist. Es empfiehlt sich daher folgende Bestimmung:

„Die Pflichtteilslast hat derjenige zu tragen, welcher statt des Erstberufenen dessen testamentarischen Erbteil erhält.

Auch wenn der Pflichtteilsberechtigte nicht erst durch spätere Ausschlagung in den Genuss eines Pflichtteilsanspruches kommt, sondern der Erblasser ihn schon in der letztwilligen Verfügung außen vor ließ, empfiehlt es sich festzulegen, wer in welchem Umfang die Pflichtteilslast zu tragen hat. Insbesondere gilt dies, wenn die künftige Erbengemeinschaft nicht nur aus Erben derselben Ordnung besteht. Widrigenfalls läuft die Miterbengemeinschaft in die Gefahr rechtlicher Streitigkeiten um das Tragen der Pflichtteilslast, da sich je nach vertretenem Standpunkt verschiedene Lösungen anbieten. Lässt sich aus der letztwilligen Verfügung zudem nur der geringste Ansatzpunkt für einen von § 2320 Abs. 2 abweichenden Willen entnehmen, ist der Streit programmiert. Gegebenenfalls hat der Testierende vorsorglich die Anwendung des § 2320 Abs. 2 auszuschließen, so dass es bei der grundsätzlichen Haftung für die Pflichtteilslast nach Maßgabe der Regeln über die Miterbengemeinschaft verbleibt.

Gleiches gilt für den Fall, dass der Erblasser ausschließlich Familienfremde zu Erben einsetzte, jedoch noch eine pflichtteilsberechtigte Ehefrau/Mutter sowie einen zur gesetzlichen Erbfolge berufenen, aber nicht pflichtteilsberechtigten Bruder hinterlässt. In diesem Fall kann nicht einmal der lückenfüllend heranzuziehende Begriff der objektiven Zuwendung des gesetzlichen Erbteils des Pflichtteilsberechtigten zu Ergebnissen führen, da auch nicht objektiv jeder der Erben einen pflichtteilsberechtigten Gesetzeserben verdrängt.

c) Regelung des Haftungsumfanges

Nicht nur bezüglich der Frage, wer die Pflichtteilslast zu tragen hat, sondern auch in welcher Höhe, ist § 2320 Abs. 2 nachgiebig. Wenn es für den nachrückenden Erben günstig ist, wird er versuchen, sich darauf zu berufen, dass der erlangte Vorteil ein haftungsbegrenzendes Tatbestandsmerkmal sei. Gerade wenn der erlangte Vorteil und die Erbquote auseinanderfallen können, ist der Erblasser aufgerufen, testamentarisch Rechtssicherheit zu schaffen. Insbesondere hat dies für Anordnungen zu gelten, bei denen dem verpflichteten Ersatzerben bereits ein Vermögensvorteil durch Zuwendung einer Erbenstellung (Nacherbenanwartschaftsrecht) erwachsen ist. Hier hat der Erblasser zu berücksichtigen, dass der Nacherbe vortragen kann, sein Vorteil liege lediglich in der verfrühten Nutzung der Erbschaftssubstanz, die ihm bei Eintritt des Nacherbfalles ohnehin zugefallen wäre[246]. Abhängig davon, ob der Erblasser die Position des Nacherben stärken oder den Grundsatz aufrechterhalten will, dass eine Ausschlagung stammintern auszugleichen ist, hat er sich zur Höhe des erlangten Vorteils zu äußern. In die Gesamtkonzeption des § 2320 fügt sich indes nicht die nach dem Gesetz mögliche Haftungsbegrenzung des Ersatzerben, sondern eine stammintern auszugleichende Haftung ein, so dass auf den vorhergehenden Formulierungsvorschlag zurückgegriffen werden kann.

d) Pflichtteilslast bei Anordnung von Vermächtnissen

Dem Rat Ebenroth/Fuhrmanns[247], bei Miterbengemeinschaft das Problem der Pflichtteilslast in der letztwilligen Verfügung zu lösen, ist erst recht zu folgen, tritt neben den Pflichtteilsanspruch noch eine Vermächtnisforderung, mit der die Miterbengemeinschaft oder einzelne ihrer Mitglieder beschwert sind. Dies ist deshalb erforderlich, weil die unterschiedlichen gesetzlichen Wertungen, die § 2318 und § 2320 zugrunde liegen, in Einklang zu bringen sind.

---

[246] Siehe oben S. 87 ff.
[247] Ebenroth/Fuhrmann, (Fn 43), BB 1989, 2049 (2061).

Die erste Entscheidung des Erblassers betrifft das Verhältnis des § 2320 Abs. 2 zu § 2318. Da es hier an wegweisender höchstrichterlicher Rechtsprechung fehlt und auf oberlandesgerichtlicher Ebene ein nach hier vertretener Auffassung[248] als unhaltbar vertretenes Verhältnis der Spezialität des § 2320 Abs. 2 gegenüber § 2318 angenommen wird, muss der Erblasser erklären, in welchem Verhältnis er die beiden Vorschriften angewendet wissen will.

Möchte er eine primäre Haftung des „Ersatzmannes" gewahrt sehen und den Vermächtnisnehmer von einer Beteiligung an Pflichtteilsansprüchen freistellen, ist es zu dessen Schutz erforderlich, das Kürzungsrecht aus § 2318 Abs. 1 auszuschließen.

„Derjenige der Erben, welcher die Pflichtteilslast zu tragen hat, ist nicht berechtigt, einen Vermächtnisnehmer hieran zu beteiligen."

Entscheidet sich der Erblasser hingegen dafür, den Vermächtnisnehmer nach dem Grundsatz des § 2318 Abs. 1 weiterhin verhältnismäßig haften zu lassen, sollte er dies in der letztwilligen Verfügung, nach hier vertretener Auffassung nur klarstellend, zum Ausdruck bringen. Dadurch wirkt er der Gefahr entgegen, dass § 2320 Abs. 2 als spezialgesetzlich abschließende Norm über das Tragen der Pflichtteilslast ausgelegt wird.

„Der Vermächtnisnehmer ist auch dann an der Pflichtteilslast zu beteiligen, wenn im Innenverhältnis der Miterben zueinander einer der Miterben vorrangig zum Tragen der Pflichtteilslast verpflichtet ist."

Belässt es der Erblasser dabei, den Vermächtnisnehmer an der Pflichtteilslast zu beteiligen, ist der juristische Berater gehalten, ihm zu veranschaulichen, welche unterschiedlichen Verteilungsmaßstäbe denkbar sind. Deutlich machen muss er, dass diese entscheidend davon abhängen können, welcher der Miterben mit dem Vermächtnis beschwert ist. Zudem ist von entscheidender Bedeutung der Berechnungsmodus, der späterhin bei der Verteilung der Pflichtteilslast zugrunde gelegt werden soll und bei dem mangels hinreichender gesetzlicher Klarheit durchaus verschiedene Ausgangspunkte gewählt werden können.

Der Erblasser muss sich mit dieser Frage auseinandersetzen, weil der verknüpfende Charakter des § 2323 das Kürzungsrecht des § 2318 Abs. 1

---

[248] Siehe oben S. 92 f.

in der Miterbengemeinschaft davon abhängig macht, dass der Miterbe die Pflichtteilslast grundsätzlich auch zu tragen hat. Da der Gesetzgeber den Blick nur auf das Verhältnis der belasteten Erben zum Vermächtnisnehmer und das der Erben untereinander richtete, bleibt es dem Erblasser vorbehalten, dieses Versäumnis des Gesetzgebers zu korrigieren und eine Lösung mit Blick auf die Auswirkungen für alle Beteiligten zu entwickeln. Denn nur so vermeidet er die beinahe zufälligen Ergebnisse, die daher rühren, wer mit dem Vermächtnis beschwert ist[249]. Will der Erblasser es hingegen bei dieser Konzeption des Gesetzgebers belassen, hat er zumindest einen Lösungsweg für die Berechnung der Kürzungseinrede vorzugeben, da hier wiederum verschiedene Ansätze denkbar sind. Grundsätzlich ist danach zu unterscheiden, ob mit dem Vermächtnis der „Ersatzmann" nach § 2320, der von der Pflichtteilslast durch § 2320 freigestellte Erbe oder die gesamte Miterbengemeinschaft beschwert ist.

aa) Beschwer des im Innenverhältnis freigestellten Erben

Entscheidet sich der Erblasser dafür, den im Innenverhältnis von der Pflichtteilslast freigestellten Erben mit einem Vermächtnis zu beschweren, ist es diesem nach § 2323 verwehrt, in Höhe seiner Befreiung den Vermächtnisnehmer im Wege der Kürzungseinrede für das Tragen der Pflichtteilslast in Anspruch zu nehmen. Will der Erblasser dennoch den Vermächtnisnehmer auch wegen dieses zunächst von der Kürzungseinrede verschont bleibenden Betrages an der Pflichtteilslast beteiligen, hält er den Grundsatz des § 2318 Abs. 1 aufrecht und nimmt dem Vermächtnisnehmer eine Begünstigung, die ihm einzig aufgrund der Zufälligkeit widerfährt, wer die Pflichtteilslast im Innenverhältnis nach § 2320 Abs. 2 zu tragen hat. Zweckmäßig ist es entsprechend vOlshausens[250] Vorschlag, zunächst das Verhältnis des Vermächtnisnehmers zu den Miterben zu regeln, um sodann die Verteilung der verbleibenden Pflichtteilslast in der Miterbengemeinschaft festzulegen.

„In Abweichung von § 2323 haben die Erben das Recht, die Erfüllung eines Vermächtnisses soweit zu verweigern, dass die Pflichtteilslast von ihnen und dem Vermächtnisnehmer verhältnismäßig getragen wird."

---

[249] Siehe oben S. 93 ff.
[250] vOlshausen, (Fn 32), MDR 1986, 89 (93).

Soll es sonst bei § 2320 Abs. 2 verbleiben, empfiehlt sich, dieses noch erläuternd hinzuzufügen; selbstredend gilt gleiches, will der Erblasser von § 2320 Abs. 2 abweichend verfügen.

bb) Beschwer des zum Tragen der Pflichtteilslast verpflichteten Erben

Beschwert der Erblasser den ohnehin schon mit der Pflichtteilslast belasteten Erben zusätzlich noch mit einem Vermächtnis, ist zunächst wegweisend, ob er bestimmt, dass § 2320 Abs. 2 dem § 2318 Abs. 1 im Sinne einer Spezialvorschrift vorgeht oder ob sich der Erblasser für eine verhältnismäßige Haftung des Vermächtnisnehmers wegen der Pflichtteilslast entscheidet. Für letzteren Fall ist die Frage, in welchem Verhältnis Vermächtnisnehmer und durch § 2320 Abs. 2 belasteter Erbe die Pflichtteilslast zu tragen haben, vollkommen ungeklärt[251]. Deshalb muss der Erblasser dazu angehalten werden, einen Verteilungsmodus zu bestimmen, wobei er sich wiederum an der verhältnismäßigen Beteiligung am Nachlass, aber auch an anderen ihm gefälligen Faktoren orientieren kann.

cc) Beschwer der gesamten Miterbengemeinschaft

Da hier alle Miterben mit einem Vermächtnis beschwert sind, greift § 2318 Abs. 1. Dass möglicherweise im Innenverhältnis der eine oder andere Miterbe die Pflichtteilslast allein zu tragen hat, spielt hier keine Rolle. Indem der Erblasser alle Miterben beschwerte, hat er die Gruppe der Miterben einerseits und den Vermächtnisnehmer anderseits in den Blick gefasst und den Willen gehabt, beide Seiten im Verhältnis zur jeweiligen Nachlassbeteiligung an der Pflichtteilslast zu beteiligen[252].

VI. Störfallvorsorge

Entschließt sich der Erblasser so zu testieren, dass der Anwendungsbereich der §§ 2306 f. eröffnet ist, muss er sich darüber im Klaren sein, dass der durch eine solche Verfügung Begünstigte ausschlagen und den Pflichtteil verlangen kann. Zur Konsequenz hat dies, dass die vom Erblasser mit der Einsetzung als Erben oder Vermächtnisnehmer gehegten Erwartungen

---

[251] Siehe oben S. 93 ff.
[252] vOlshausen, (Fn 32), MDR 1986, 89 (95).

durchkreuzt werden. Gerade am vom BGH entschiedenen Fall (Beispiel 16) zeigt sich, in welche unterschiedliche Richtung sich die Verpflichtung des Ersatzmannes zum Tragen der Pflichtteilslast entwickeln kann. In dem zur Entscheidung anstehendem Sachverhalt wandte der Erblasser seiner zur Erbin berufenen Ehefrau beinahe das gesamte Vermögen als Vorausvermächtnis zu[253]. Hätte der Erblasser seinerzeit den Nacherben sogleich statt der Vorerbin zum Erben bestimmt, so wäre ihm nach der hier vertretenen Auffassung bei gleichzeitig angeordnetem Vermächtnis der Weg zu § 2318 Abs. 1 und einer anteiligen Beteiligung der Vermächtnisnehmerin eröffnet. Anders verhielt es sich jedoch deshalb, weil die zunächst berufene Vorerbin ausschlug und ihren Pflichtteil verlangte. Auf den ersten Blick ist die Konstellation zwar ähnlich, weil der Miterbengemeinschaft in beiden Varianten eine Pflichtteilsforderung und ein Vermächtnisanspruch gegenüberstand. Modifiziert der Erblasser nicht die Verteilung der Pflichtteilslast, regelt der nachgiebige § 2322 diesen „Störfall" aber derart, dass die Ausschlagung für den deshalb Nachrückenden eine gänzlich andere Wirkung zeitigt, als wenn er sofort berufen wäre. Denn § 2322 verdrängt § 2318[254]. Derjenige, dem die Ausschlagung zustatten kommt, kann das Vermächtnis nach dieser Vorschrift nur in dem Maße kürzen, dass die ihn treffende Pflichtteilslast gedeckt ist. Die weitergehende Kürzungsmöglichkeit nach § 2318 Abs. 1 muss demgegenüber zurücktreten. § 2322 gewährt dem Erben also nicht ein Kürzungsrecht gegenüber Vermächtnissen zur Sicherung eigener Teilhabe am Nachlass. Gewährleisten soll die Norm lediglich, dass der Vermächtnisnehmer durch die aufgrund der Ausschlagung entstandene Pflichtteilslast nur insoweit berührt wird, als der durch die Ausschlagung gewonnene Erbteil für das Tragen des Pflichtteils nicht ausreicht[255]. Zurückgeführt wird diese Bestimmung auf einen mutmaßlichen Erblasserwillen, der nicht darauf gerichtet ist, dem Ersatzmann Nachlasswerte auf Kosten des Vermächtnisnehmers zukommen zu lassen[256]. Dieckmann[257] führt noch zwei weitere Aspekte an, welche die gesetzliche Regelung der Pflichtteilslast bei Ausschlagung durch den zunächst Berufenen tragen. Die Schlechterstellung des Ersatzmannes solle gerechtfertigt sein, da ihm nur das den Willen des Erblassers konterkarierende Verhalten des Erstberufenen in die Erbenstellung verhalf. Zum anderen träte eine doppelte Berücksichtigung eines Stammes ein,

---

[253] BGH NJW 1983, 2378.

[254] BGH NJW 1983, 2378 (2379).

[255] MüKo-Frank, § 2322 Rdnr. 1.

[256] Motive V, S. 423 f.

[257] Dieckmann, Anm. zu BGH NJW 1983, 2378 in FamRZ 1983, 1015 (1017).

wenn der Ersatzmann einen Teil des Pflichtteilsanspruches, der schon in seinen Stamm floss, auf einen außerhalb stehenden Vermächtnisnehmer abwälzen kann.

Das gesetzliche Störfallsystem des § 2322 ist interessengerecht, da es letztlich nicht zu Vermögensverschiebungen zwischen den Stämmen oder gar Erben und Vermächtnisnehmern führt, die vom Erblasser gewollt gewesen wären. Von Vorgängen, die sich innerhalb eines Stammes abspielen, sollen sowohl Vermächtnisnehmer als auch andere Erben verschont bleiben.

Für den in diesem Zusammenhang als Komplementärvorschrift zu § 2307 Abs. 1 S. 1 einzustufenden § 2321 gelten parallele Überlegungen. Hier soll die Pflichtteilslast derjenige tragen, dem die Ausschlagung des Vermächtnisnehmers zustatten kommt. In der Regel wird dies der mit dem Vermächtnis Beschwerte sein. In diesem Falle behält aber die Anordnung des Vermächtnisses ihre Wirkung für die Verteilung der Pflichtteilslast. Der Vermächtnisbeschwerte muss den Betrag, den er zur Entrichtung des Vermächtnisses hätte aufwenden müssen, zur Deckung der Pflichtteilslast hergeben[258]. Einer Erwähnung in der letztwilligen Verfügung bedarf es nur, wenn der Erblasser andere Interessen verfolgt und das vom Gesetzgeber geschaffene System abbedingen will.

Zusammenfassend hat der Gesetzgeber die beiden Störfälle, wenn der Pflichtteilsberechtigte ein ihm zugewendetes Vermächtnis ausschlägt oder aber wenn die vom Pflichtteilsberechtigten ausgeschlagene Erbschaft mit einem Vermächtnis beschwert ist, mit den §§ 2321 f. interessengerecht und ohne Auslegungsschwierigkeiten gelöst. Es sollte daher grundsätzlich bei der gesetzlichen Regelung bleiben.

---

[258] RG JW 1914, 593 (594).

Anhang

...Desweiteren kann sich der Beklagte auch nicht auf die Vorschrift des § 2318 Abs. 3 BGB berufen. Denn danach wird die Belastung des Erben nur dann begrenzt, wenn zusätzlich noch eine Pflichtteilslast hinzukommt. Da er auch diesen Anspruch erfüllen muss, ist ihm die Kürzung des Vermächtnisses gestattet, aber nur um den Betrag, um den anderenfalls die Pflichtteilslast seinen eigenen Pflichtteil zusätzlich beeinträchtigen würde (vgl. Palandt-Edenhofer, Komm. zum Bürgerl. Gesetzbuch, 58. Auflage, § 2318 Rdnr. 3). Die Ausnahmeregelung gewährleistet also nicht, dass dem Beklagten als Erben dann der eigene Pflichtteil voll verbleibt, sondern berechtigt ihn zu dessen Verteidigung nur wegen der Pflichtteilslast, nicht auch wegen des Vermächtnisses (vgl. auch BGHZ 95,222)....

1. Entwurf zum Bürgerlichen Gesetzbuch (§§ 1993 – 1995)

§ 1993
Ist der Erbe mit Vermächtnissen oder Auflagen beschwert, so kann er die Vollziehung derselben, sofern nicht der Erblasser ein Anderes bestimmt hat, in dem Maße verweigern, daß die Pflichttheilslast von ihm nur nach dem Verhältnisse des nach Abzug der Nachlaßverbindlichkeiten sich ergebenden Werthes der Erbschaft zu dem Werthe der Vermächtnisse und Auflagen getragen wird.

§ 1994
Mehrere Erben haften für den Pflichttheilsanspruch nach Verhältniß ihrer Erbtheile. Der Erblasser kann für das Verhältniß der Erben zu einander eine andere Art der Haftung bestimmen.

§ 1995
Ist in Folge der Ausschließung des Pflichttheilsberechtigten von der Erbfolge ein Anderer als gesetzlicher Erbe eingetreten, so hat dieser im Verhältnisse mehrerer Erben zu einander die Last aus dem Pflichttheilsanspruche des Ausgeschlossenen und, wenn der letztere mit einem Vermächtnisse bedacht ist, auch dieses Vermächtniß in Höhe des erlangten Vortheiles zu tragen.

www.ingramcontent.com/pod-product-compliance
Lightning Source LLC
Chambersburg PA
CBHW021714210326
41599CB00013B/1648